Los dos lados del AMOR

Originalmente publicado en inglés con el título
The Two Sides of Love, por Tyndale House Publishers, Wheaton, IL
© 1990 Gary Smalley y John Trent, Ph.D.

Las citas bíblicas han sido tomadas de la Nueva Versión Internacional 1,999
de la Sociedad Bíblica Internacional.
Cuando se utiliza otra versión, se le identifica inmediatamente después del pasaje citado.

Traducido al español por Silvia Cudich

ISBN:1-58802-327-3

Categoría: Familia

Los dos lados del AMOR

GARY SMALLEY

Y

Dr. JOHN TRENT

EDITORIAL

CON TODO CARIÑO, le dedicamos este libro a nuestras esposas Norma y Cynthia, cada una de ellas experta en brindar los dos lados del amor; y a George y Liz Toles, fieles amigos, constante aliento y ejemplo de rectitud a lo largo de los años.

Índice

♎

Capítulo Uno

Cómo Descubrir
los Dos Lados del Amor

DANIEL ESTABA PARADO delante de la pizzería de su vecindario, dudando antes de entrar. Sacudió la cabeza, como deseando aclarar sus dudas en cuanto a esta reunión. Por último, con un suspiro, empujó su temor de lado, abrió la puerta y entró al restaurante favorito de su hijo.

Temía tanto esta reunión que tuvo que recurrir a toda su fuerza emocional para ingresar al mismo en vez de girar en redondo y alejarse de él. Lo que no sabía era que en unas pocas horas habría de experimentar uno de los acontecimientos más positivos de toda su vida.

Daniel había venido para reunirse con su hijo Carlos, de diecisiete años. A pesar de que lo amaba profundamente, sabía también que, de sus dos hijos, Carlos era el que menos se le parecía.

Con su hijo mayor, Pedro, la comunicación no había sido jamás un problema. Actuaban y pensaban de manera tan parecida que nunca tuvieron que hablar demasiado entre ellos. Hacían juntos diversas cosas, tales como cazar o arreglar sus coches. Daniel había tratado siempre a su hijo Pedro como si fuera uno más de los hombres que trabajaban en los lugares de construcción: de manera austera. Y Pedro había respondido siempre muy bien, en realidad estupendamente, a la forma en que lo trataba su padre.

Pero Carlos era diferente. Daniel se dio cuenta enseguida de que Carlos era mucho más sensible que Pedro. Cada vez que Daniel lo retaba para que fuera más como su hermano mayor, sentía que sonaba como una alarma dentro de él.

Daniel había recibido grandes dosis de corrección y desapego en su vida: el aspecto rígido del amor, pero apenas unas pocas cucharaditas de calidez y aceptación: el aspecto tierno del amor. Lo escaso que había recibido, lo distribuía entre sus hijos.

Mi tarea es vestirlos y poner comida sobre la mesa; su mamá es la que tiene que ocuparse de que se sientan amados, se dijo a sí mismo una y otra vez. Pero no podía convencerse de que eso era lo único que podía hacer como padre. Él sabía cuánto lo había lastimado su propio papá. Y había detectado ese mismo dolor cientos de veces en la mirada de Carlos.

Daniel sabía cuál era gran parte del problema. Carlos había siempre esperado, hasta exigido, una relación cercana con él durante años. No era suficiente ir juntos a cazar. Carlos deseaba hablar con su padre durante el viaje; ¡hasta quería charlar mientras cazaban!

¡Hacía poco tiempo que Daniel se había dado cuenta de que la única razón por la cual se llevaba bien con su hijo era porque éste último ya no le hablaba más! Así como Daniel se había comportado con su propio padre adusto, Carlos se había apartado a un lugar distante y hacía todo lo posible por no molestarlo.

Como muchos de nosotros, Daniel se escapaba de toda relación de intimidad con los demás. Durante años, su esposa y su hijo lo habían estado persiguiendo. Y, durante muchos años, había estado huyendo de ambos, tratando de mantener una distancia "confortable" entre ellos.

Luego, un día, Daniel pudo observarse con cuidado durante un retiro para hombres en su iglesia, y dejó de huir.

Ese día, durante el retiro, se enfrentó al hecho de que el amor tenía dos caras. Como muchos hombres, él se había especializado en el aspecto esquivo del amor. No tenía problema en propinarle una paliza a su hijo, pero no podía extender sus brazos para abrazarlo. Cuando Carlos cometía un error, no tardaba en hacérselo notar, pero las palabras de estímulo, si es que las había, sólo aparecían durante las vacaciones o algún cumpleaños.

En el retiro de hombres, Daniel pudo aprender que así como el amor de una madre es muy importante, los niños necesitan algo más. Ellos necesitan el amor de su padre también.

Daniel era un hombre fuerte, tanto emocional como físicamente. A pesar de que se jactaba de su dureza, tan sólo una pregunta del orador le atravesó el corazón: "¿Cuándo fue la última vez que rodearon a sus hijos con los brazos y les dijeron, cara a cara, que los amaban?"

No sólo no conseguía recordar cuándo había sido la última vez que lo había hecho, sino que además no recordaba haberlo hecho nunca.

Escuchó atentamente mientras que el orador le decía que el amor genuino tenía dos aspectos, no tan sólo uno. De inmediato, se dio cuenta de que había estado amando a Carlos sólo a medias y que su hijo necesitaba ambos lados del amor *de la misma persona.*

Lo que Carlos necesitaba de su padre era que un hombre verdadero le mostrara cómo amar a la esposa e hijos con todo el corazón. Sin embargo, lo que había conocido era un hombre inseguro que le había delegado todas las expresiones de cariño a su mujer. Daniel se había pasado años tratando con aspereza a su hijo para conseguir su respeto y lo único que había ganado era su miedo y su resentimiento. Cuando Daniel se dio cuenta de ello, decidió citar a su hijo en la pizzería de la zona para conversar después de su práctica de fútbol.

—Hola, Papá, —le dijo Carlos, estrechando la mano de su padre quien acababa de entrar.

Carlos medía más de seis pies y estaba acostumbrado a mirar hacia abajo cuando saludaba a la gente. Pero, esta vez miraba hacia arriba, a los ojos de su papá. Y, a pesar de que Daniel acababa de cumplir cincuenta y un años, no tenía la postura física de los hombres de su edad. En cambio, aún poseía el físico atlético que lo había convertido en una estrella del equipo de fútbol americano de su colegio secundario.

Carlos y su padre eran la clase de personas que odian los encargados de los restaurantes donde por un precio fijo se puede comer todo lo que uno desee. Esa noche mantuvieron a la mesera yendo y viniendo, mientras se devoraban tres paneras de pan alargado y otras tantas pizzas. A medida que avanzaba la cena, la conversación pasó de las cosas banales al asunto importante que deseaba conversar Daniel con su hijo.

—Carlos, —le dijo Daniel, ajustándose los lentes y mirando levemente hacia abajo—. He estado pensando mucho últimamente. Me afecta mucho que éste sea el último verano que pasarás con nosotros. Pronto te irás a la universidad. Y, junto con las maletas que estás empacando con tu ropa, te llevarás maletas emocionales también. Éstas, para bien o para mal, son las que *yo* te he ayudado a empacar durante años.

Por lo general, Carlos era el comediante de la familia. Pero ahora, en vez de tratar de "aligerar" la conversación, permanecía callado. Su padre no solía hablar de su relación con él. Es más, nunca hablaba de *nada* serio. Por esa razón, toda su atención estaba centrada en su padre.

"Te pido, hijo, que hagas algo. Trata de recordar lo más que puedas de tu niñez, aun cuando eras muy pequeño, y piensa en los momentos en que herí tus sentimientos y no traté de corregirlo; cada vez que mis palabras o mis hechos te hicieron sentir despreciado e inadecuado".

"Sé que somos dos personas diferentes. Ahora puedo ver cuán duro fui contigo. En realidad, la mayoría de las veces fui demasiado severo. Traté de obligarte a ser la persona que yo pensaba que tú deberías ser. Ahora me doy cuenta de que dediqué muy poco tiempo a escuchar a la persona en la que tú deseas convertirte".

"Siente la libertad de compartir conmigo todo lo que haya hecho yo que te haya lastimado. Yo me limitaré a escucharte. Luego desearía que lo conversáramos juntos, y pedirte perdón por todo. No necesitas empacar ningún equipaje adicional y negativo que yo pueda haberte dado. Con lo que te espera en la universidad, ya tendrás suficiente".

"Me doy cuenta de que ha corrido mucho agua debajo del puente; he desperdiciado mucho años". Quitándose los lentes y secándose las lágrimas, Daniel suspiró. Luego lo miró a su hijo de frente: "Quizás estemos aquí toda la noche, y estoy listo para ello. Pero primero, necesitas saber cuánto te amo y lo orgulloso que estoy de ti".

Carlos había leído las palabras "te amo" escritas en las tarjetas de cumpleaños y Navidad con la letra de su padre, pero ésta era la primera vez que lo escuchaba de su boca. Estaba acostumbrado a esperar que Daniel fuera severo con él. Ahora que su papá le había añadido suavidad a su amor, Daniel no sabía qué decir.

—Papá, —balbuceó—, no te preocupes del pasado. Yo sé que tú me amas.

Pero, ante la insistencia de su padre, comenzó a rebobinar su memoria y dejó que sus pensamientos fluyeran a las imágenes que había acumulado durante sus diecisiete años de vida con su padre.

Lentamente, a medida que Carlos tanteaba las aguas y veía que eran seguras, descargó años de dolor allí mismo en la mesa. Estaban las temporadas que se pasó tratando de destacarse como jugador de fútbol americano para complacer a su padre, cuando lo que más le gustaba era el fútbol.

Compartió el sutil resentimiento que sentía por no poder alcanzar jamás, por más que lo intentara, los logros de su hermano mayor. Y habló sobre los ásperos comentarios que su padre usaba para motivarlo, los cuales lo habían lastimado y desalentado en cambio.

Al relatarle a su padre cada experiencia, importante o no, Carlos podía ver una auténtica dulzura y pena en los ojos de su padre. Además, escuchó palabras de remordimiento por cosas aun de escasa importancia que hubieran dejado un dejo de amargura en su memoria.

Casi tres horas después, esa conversación tan fructífera llegó a su fin. Cuando Daniel tomó la cuenta para pagar, le dijo: "Sé que no te avisé de antemano para que te prepararas a compartir los recuerdos de diecisiete años. De modo que deseo que recuerdes que mi puerta se encuentra siempre abierta. No dudes en decirme si existe alguna otra cosa por la que deba pedirte perdón".

La cena se había terminado, pero una nueva relación apenas acababa de comenzar. Después de dieciocho años de vivir como extraños a pesar de vivir bajo el mismo techo, habían ahora comenzado a encontrarse el uno al otro.

No hace mucho tiempo, las cámaras de televisión capturaron la escena de miles de personas vitoreando cuando cayó el Muro de Berlín que había separado a la ciudad durante más de treinta años. Y, esa noche en el restaurante, podemos imaginarnos que hubo ángeles presentes que celebraron cuando se abrió la primera brecha en el muro emocional que separaba al padre de su hijo.

Había sido una noche conmovedora y muy importante para ambos. Pero al ponerse de pie, Carlos hizo algo que sacudió a su padre.

Varios de los presentes observaron desde su mesa cuando un enorme jugador de fútbol americano tomó a su padre igualmente fornido y le dio un fuerte abrazo cálido por primera vez en muchos años. Con lágrimas en los ojos, estos dos hombres corpulentos se abrazaron por un largo rato, ignorando las miradas de todos los demás.

¿Cuáles son los dos aspectos del amor?

De muchas maneras, ya sea en una cancha de fútbol americano o en el negocio de la construcción, Daniel era un guerrero que había conquistado muchos de los desafíos que se le habían presentado delante. Pero, a pesar de sus éxitos, hasta esa noche jamás había ganado la importante batalla de conquistar el corazón de su hijo. ¿Cómo ocurrió? Mientras Daniel estaba en el retiro, él descubrió lo mismo que ustedes descubrirán en este libro.

Si deseamos comunicar un amor profundo y significativo a los demás es esencial que aprendamos a equilibrar los aspectos firmes y tiernos del amor todos los días.

¿Qué significan los aspectos "firmes" y "tiernos" del amor, y por qué es tan importante que comprendamos y comuniquemos ambos a los demás? A pesar de que nos parezca algo extraño, la naturaleza nos brinda un ejemplo clásico de las respuestas a estas preguntas.

La rosa es una de las cosas más hermosas de toda la creación de Dios. En nuestra cultura, las rosas simbolizan amor, o felicitaciones u otras emociones profundas. Las rosas se cultivan para captar y exponer los colores del arco iris. Poseen, además, una gran delicadeza. Como la suavidad de la piel de un bebé, los aterciopelados pétalos de una rosa suplican una caricia.

Sin embargo, cuando Dios creó la rosa sabía que la suavidad que le da su esplendor la convierte, al mismo tiempo, en fácil presa de aquellas criaturas que desean destruir su belleza. Por esa razón, junto con su tersura, le proporcionó la dureza de sus espinas. Éstas no le roban su belleza, sino que la protegen, preservan y realzan.

Lo que ocurre en el terreno de lo natural, ocurre asimismo en el mundo de las relaciones.

El amor firme es realizar lo mejor para la otra persona *cueste lo que cueste*. Cuando lo mantenemos equilibrado, es la capacidad de ser coherente, de disciplinar, proteger, desafiar y corregir.

Es la fortaleza que necesita una madre para resistir los desafíos de su pequeño de dos años en vez de ceder a sus exigencias. Es la valentía de un padre que arriesga su relación con su hija para señalarle lo mucho que se ha alejado del Señor. Es el poder que demuestra todos los días un esposo de edad avanzada que permanece junto a la esposa de su juventud, la cual padece la enfermedad de Alzheimer, para cuidarla en vez de darse por vencido y marcharse.

Como las espinas de la rosa, el amor firme es protector. Pero si dejamos que crezca sin controlarlo y nunca lo podamos para permitir el crecimiento de una saludable ternura, podría convertirse en cambio en un espino. En vez de atraer a la gente a su hermosura, podría ser hiriente y obligarlos a retirarse y no acercarse a él.

El amor firme es esencial. Pero, en sí, es incompleto.

El amor delicado es una ternura que posee las mismas características que el amor incondicional. Cuando es equilibrado, manifiesta características tales como la compasión, la sensibilidad, la paciencia y la comprensión.

Es el cariño de un padre que se sienta junto a su hija y la abraza mientras que ella llora la pérdida de su novio, mientras que ni siquiera intenta darle una lección o decirle: "acaso no te dije que esto ocurriría". Es el aliento de una madre cuya tarjeta llega al correo de la universidad el día antes de los exámenes de ingreso de su hijo a la facultad de medicina. Y es la bondad de un hombre que llama todos los años a los padres de su mejor amigo el día en que éste falleció en Vietnam, para tan sólo decirles que aún lo recuerda y que sigue siendo algo más que un simple nombre escrito sobre un muro.

El amor tierno se toma el tiempo necesario para comprender lo que sienten los demás y escucha en vez de dar una lección. Se expresa a sí mismo en su deseo de alcanzar a los demás y abrazarlos. Es además la sabiduría de preguntar: "¿Me perdonas?", o decir: "Me equivoqué", en especial a nuestros niños.

Como el amor firme, el amor tierno puede perder su equilibrio. Sin un lado firme que lo proteja, puede convertirse en un amor tan emotivo e inestable que todos sus suaves pétalos terminan marchitos sobre el suelo.

¿Es acaso novedosa esta idea del amor? ¿Acaso nos confundimos cuando tratamos de comprender y equilibrar estos dos aspectos del amor? No lo creo. Se trata en realidad de la manera en que siempre tendríamos que haber amado a los demás, ya que es la manera en que nos ama el amante más grande de todos los tiempos: Dios mismo.

La fuente del amor

¿Se han preguntado alguna vez cómo es Dios? Anticipando la conquista por parte de Babilonia y el cautiverio de setenta años[1],

Isaías el profeta dio al pueblo de Judá dos imágenes verbales íntimamente conectadas. Al final de esa época, los agotados refugiados experimentarían la presencia de Dios una vez más y regresarían por fin a la tierra prometida. Súbete a los techos y a las montañas, les dice Isaías en la primer imagen, porque "el SEÑOR omnipotente llega con poder, y con su brazo gobierna" (Isaías 40.10). En la época del Antiguo Testamento, esto equivalía a un guerrero conquistador en plena fortaleza. Es una imagen clara de su amor firme.

Luego vemos la segunda imagen en el versículo 11: "Como un pastor que cuida su rebaño, recoge los corderos en sus brazos; los lleva junto a su pecho, y guía con cuidado a las recién paridas". Dios es un pastor bondadoso y cariñoso que cuida "tiernamente" a aquellos con necesidades especiales. Es una imagen clara de su amor tierno.

No se le decía a la gente que estaban presentes dos Dioses: solamente uno. Pero el amor de nuestro Dios tiene dos lados: un lado firme que es constante, determinado, protector y poderoso en sus juicios, y un lado tierno que es piadoso, tierno, indulgente y misericordioso.

Si deseamos amar seriamente a los demás con todo nuestro corazón, el sitio donde debemos comenzar es observando al amante más grande de todos los tiempos: Jesucristo. El amó a un mundo pecaminoso lo suficiente como para quitarse el manto de poder celestial y nacer en un establo. Es más, Él demostró su amor por nosotros en que cuando todavía éramos sus enemigos, Él murió por nosotros en la cruz.[2]

Jesús tenía la habilidad de amar con ternura a Pedro, cálidamente diciéndole después de su gran confesión de fe: "Dichoso tú, Simón, hijo de Jonás —le dijo Jesús—, porque eso no te lo reveló ningún mortal, sino mi Padre que está en el cielo".[3] Sin embargo, breves momentos después, extrajo del lado sano, protector y firme de su amor para decirle a Pedro: "¡Aléjate de mí, Satanás! Quieres hacerme tropezar; no piensas en las cosas de Dios sino en las de los hombres".[4]

Cristo no estaba siendo incoherente en su amor. Tampoco estaba en una montaña rusa emocional, alternando críticas y cuidados. Lo que Él estaba demostrando eran las dos características mencionadas por Isaías cuando nos dice que Dios es al mismo tiempo un Señor omnipotente y un tierno pastor.

Como la expresión visible de un Dios invisible, Jesús nos demostró que su amor era lo suficientemente tierno como para llorar ante la muerte de un amigo, abrazar a los niños y sentarlos en su regazo. Sin embargo, era lo suficientemente firme como para confrontar a aquellos que se oponían a la voluntad de Dios y para hacerse "el firme propósito de ir a Jerusalén"[5] y la cruz, sin importarle el precio personal que tuviera que pagar por ello.

Jesús era siempre tierno con la gente,
pero inexorable con sus problemas.

Si deseamos amar como lo hacía Cristo, nuestro amor debe poseer ambos aspectos: ser firme y tierno a la vez. Específicamente, tenemos que recordar que *Él era siempre tierno con la gente, pero inexorable con sus problemas.*

Jesús era tierno con personas como Pedro, el joven rico y Pablo. Pero era sistemáticamente firme con sus problemas de orgullo, codicia y odio. Arremetió contra los fariseos que lo desafiaban, llamándolos sepulcros blanqueados y guías ciegos. Sin embargo, cuando uno de estos líderes religiosos se volvía ha Él con fe sincera, como Nicodemo, el joven rico o

Arimatea, su amor tierno estaba siempre allí, listo para perdonar, consolar, mostrar misericordia y señalar la verdad.

Cristo utilizaba el lado firme de su amor para confrontar los errores, pero sabía también que, a veces, lo que una persona necesita es ternura. Cuando se vio presionado por los fariseos que no deseaban que Él sanara los sábados, Jesús reprendió la dureza de su corazón. Siempre hacía lo que fuera bondadoso y, a veces, esto significaba tocar, sanar y perdonar a los demás aun cuando las reglas de los fariseos lo prohibieran.

¿Qué tiene todo esto que ver con un libro sobre el matrimonio, la crianza de los hijos y las relaciones?

Hasta que no aprendamos a amar a los demás de la manera en que Dios nos ama a nosotros: con ambos aspectos del amor, no podremos tener la clase de relaciones que reflejen la naturaleza de Dios.

Tan pronto como Daniel, cuya historia inicia este capítulo, escuchó el concepto, supo que era un experto en amar con firmeza a Carlos. Pero en lo concerniente a la expresión tierna de su amor, ni siquiera sabía de qué se trataba.

Su cena con Carlos fue uno de los primeros pasos para equilibrar los dos lados de su amor incondicional. No era fácil, y no le salía con naturalidad. Pero aprendió las mismas cosas que ustedes aprenderán en este libro: ideas que los puedan ayudar a añadir ternura o firmeza saludable a su vida.

A medida que Daniel puso en práctica estas ideas, pudo apreciar importantes mejoras en sus relaciones, tanto en casa como en el tra̶b̶a̶j̶o. De hecho, nosotros hemos vista en todo el país que ̶ s experimentan esos mismos beneficios a medi-
̶ den y aplican los dos lados del amor. ¿Qué fue
̶ n que ustedes podrán aprender también?

*descubrir un método para identificar su punto de
nal. ¿Acaso se inclina su amor más hacia un*

lado que hacia el otro? Cuando se trata de amar con ternura o firmeza, ¿están ustedes en el Polo Norte y su cónyuge en el Polo Sur? A medida que su cónyuge comienza a ser más firme o más tierno, ¿descubren que ustedes hacen lo contrario para aportar un cierto equilibrio al hogar?

En las relaciones fuera de equilibrio, toda la calidez del amor se puede congelar. Descubrir cuál es el punto de equilibrio personal es lo primero que tenemos que hacer para proteger o reparar una relación.

- *Aprenderán cómo las virtudes naturales de su personalidad los pueden sacar de equilibrio, tanto hacia un lado como hacia el otro.* Muchos libros nos pueden ayudar a descubrir nuestro tipo básico de personalidad, pero esto no será suficiente para comprender nuestra inclinación natural. Es importante que reconozcamos que la inclinación natural nos puede empujar a una relación desequilibrada y quitarnos a nosotros y a nuestra familia armonía e intimidad.

- *Verán cómo pueden identificar y reducir toda distancia poco saludable en sus relaciones.* ¿Sienten acaso que hay demasiada distancia emocional en su matrimonio o entre ustedes y sus hijos? Como Daniel, ¿están concientes de una alarma interior que les dice: *No estamos tan cerca como deberíamos estarlo?* En los capítulos venideros, aprenderán qué es lo que ocasiona la distancia poco saludable en una relación y cómo la aplicación de los dos lados del amor puede acercarnos a nuestros seres queridos más que nunca.

- *Podrán apreciar como los "puntos de congelamiento emocional" pueden quitarnos la capacidad de amar incondicionalmente.* En la vida de muchas personas, ciertos acontecimientos o épocas del pasado los pueden haber congelado en una forma particular de relacionarse con los demás, bloqueando así el flujo de los dos lados del amor. La identificación y manejo de esos puntos de congelamiento es crucial para construir y proteger las relaciones sólidas.

- *Aprenderán las diez maneras en que una persona demasiado blanda puede añadir una firmeza saludable a su amor, y las diez maneras en que una persona demasiado firme puede ser más tierna.* Una vez que comprendamos dónde nos encontramos hoy y la manera en que nuestra personalidad esencial nos puede estar empujando hacia un extremo malsano, podremos descubrir veinte maneras específicas de equilibrar nuestro amor y fortalecer los vínculos entre nosotros y los demás.

Los primeros pasos hacia el equilibrio

En el retiro al que concurrió Daniel, él se tuvo que enfrentar a sí mismo. Ese fin de semana no fue un simple mirarse al espejo para retirarse sin cambiar. Daniel se tomó el tiempo necesario para hacer preguntas difíciles y realizar algo que lo ayudó a descubrir cuán desequilibrado estaba realmente.

En menos de cinco minutos, Daniel pudo establecer con exactitud su posición, tanto firme como tierna, en las relaciones más importantes de su vida. Eso mismo será lo que podrán hacer ustedes en unas pocas páginas más.

En apenas unos instantes, pudo apreciar un nuevo aspecto de sí mismo. Es más, a medida que avanzó hacia un mayor equilibrio, recuperó algo que poseía un valor incalculable: el corazón de su hijo.

Quizás no tengan una relación en la lista de cosas vitales. Pero podrán beneficiarse de todas maneras leyendo este libro, porque la mejora de nuestra capacidad para relacionarnos beneficia de manera directa nuestro matrimonio, amistades, familia y lugar de trabajo. Cuando aprendemos a dar y recibir los dos lados del amor, veremos que incluso las relaciones más sólidas se profundizan y fortalecen aún más.

Todo comienza con unos minutos para establecer cómo nos relacionamos hoy día con los demás: con firmeza o con ternura. Y después de ese importante primer paso, deseamos darles varias herramientas prácticas que pondrán ambos aspectos del amor al alcance de su mano.

Capítulo Dos

¿Cuán Firmes o Tiernos son Ustedes?

En unas pocas páginas más, ustedes hallarán una breve encuesta importante que les ayudará a ver su propia tendencia hacia la firmeza o hacia la ternura. Quizás les sorprenda lo que descubran sobre sí mismos.

Sin embargo, primero tenemos que hacerles una confesión. De todos los libros que hemos escrito, tanto juntos como por separado, éste es el que *ambos* necesitábamos más, tanto personalmente como a nivel familiar. Permítanos explicarles.

Cuando decidimos escribir este libro, nos sentamos con nuestras esposas, Norma y Cindy, para embarcarlas en el proyecto. Nosotros las incluimos en todas las decisiones de publicación ya que respetamos sus opiniones, y además, porque las horas y horas que lleva escribir un libro no son tan sólo exigentes para nosotros, sino también para el resto de nuestra familia. Así que jamás damos un paso sin estar todos de acuerdo.

Por lo general, cuando nos sentamos los cuatro para conversar sobre la idea de escribir un libro, pasamos una tarde o velada de entretenida charla. Luego, todos nos ponemos de acuerdo, a menudo por escrito, de avanzar como un equipo con el proyecto.

Al menos ésta es la manera en que se *supone* que trabajemos. Pero cuando llegó el momento de conversar sobre este libro, bueno, nunca olvidaremos lo que ocurrió.

Ya transcurrieron muchos años desde aquel día en que nos reunimos con nuestras esposas para conversar sobre *Los dos lados del amor*. Como habíamos hecho anteriormente, escribimos una breve reseña del libro y se la entregamos por adelantado para que la repasaran.

Cuando acudimos a la reunión, teníamos la absoluta certeza que ambas estarían entusiasmadas con el proyecto. Nos las imaginábamos saltando y poniéndose de pie para felicitarnos, mientras gritaban:"¡Adelante, muchachos!" Sí, es verdad, saltaron, pero por una razón muy diferente.

Tienen que imaginarse la escena. Nosotros estábamos sentados de un lado de la mesa de nuestra sala de conferencias, sonriendo y hablando entusiasmados sobre la necesidad de comenzar a escribir este libro tan importante. Nuestras esposas estaban sentadas del otro lado de la mesa, observando nuestro entusiasmo, pero sabiendo que estábamos omitiendo algo esencial.

En una presentación propia de cualquier empresa de envergadura, hicimos todo lo posible para que aceptaran el concepto central de este libro. Por último, sonreímos y nos sentamos cómodamente en nuestra silla. Lo único que restaba en ese momento era escuchar sus ovaciones y obtener su firma sobre la línea punteada. Al menos eso era lo que pensábamos en ese momento.

La tierna Norma fue la que habló primero. Ella es una persona que, cueste lo que cueste, evita los enfrentamientos.

"Cindy y yo hemos conversado", nos dijo, mirándola para recibir su apoyo,"y nos encantó el concepto. Pensamos que ustedes tienen razón: aparentemente existen dos lados del amor. Podemos ver también lo importante que es amar de manera equilibrada a los demás. Brindar sólo un aspecto del amor puede ocasionar verdaderos problemas en una familia, amistades o todo otro tipo de relaciones significativas".

"Pensamos que es una magnífica idea. Diez puntos. Además, está cimentada en las Escrituras, y pensamos que puede ayudar a mucha gente".

Hasta ese punto, todo lo que había dicho sonaba magnífico. *¡Sabíamos* que iban a estar de acuerdo con nosotros! Ya estábamos listos a concluir la reunión y tomar el teléfono para llamar al editor, cuando Norma dijo: "Pero todavía no podemos darles nuestro visto bueno; al menos no todavía".

"¿Qué?", dijimos los dos a la vez, boquiabiertos.

"Ustedes nos han siempre dicho que sólo desean escribir libros sobre asuntos que hayan experimentado y practicado en sus propios hogares, ¿verdad?"

Los dos asentimos con la cabeza, sin darnos cuenta de la trampa en que estábamos cayendo.

"Ambos están practicando muchas de las cosas que han dicho que desean poner en el libro. Pero antes de escribirlo, hay algunas cosas que sentimos que aún necesitan terminar".

"En lo que respecta al matrimonio, ambos dominan el aspecto firme del amor. Pero, a pesar de que el aspecto tierno está sin duda también allí, desearíamos verlo con mayor frecuencia en ustedes dos. Y además, a pesar de que ambos son muy buenos padres, a veces nos gustaría ver un mejor equilibrio con los niños".

Yo (John) la miré a Cindy, esperando que ella le dijera a Norma: "Ah, ¡eso no es lo que ocurre con John! Es posible que con *Gary*, pero no con *mi* esposo". En cambio, lo único que logré fue marearme al mirar cómo sacudía la cabeza de arriba para abajo asintiendo con su amiga.

Tenían razón, por supuesto. (¡Cuán a menudo lo están!) Pero aún así les pedimos ejemplos… No tendríamos que haberlo hecho.

Frustrado

—John, —dijo Cindy con voz cariñosa—, nunca he dudado de tu dedicación a Kari y a mí. Pero cuando se trata de darnos ambos aspectos del amor, no posees demasiado equilibrio.

—¿A qué te refieres? —pregunté verdaderamente intrigado.

—A veces me das un lado del amor a mí y a Kari el otro. Lo que necesitamos realmente es aquello de lo que deseas escribir: los dos lados del amor.

—Danos un ejemplo, —dijo Gary con una sonrisa mientras yo lo acribillaba con una mirada que decía:"Tan sólo espera que llegue *tu* turno".

—Toma como ejemplo lo que ocurrió después de tu último viaje, —acotó Cindy—. ¿Recuerdas cómo me saludaste cuando entraste a casa después de haber estado ausente durante tres días?

Desgraciadamente, lo recordaba muy bien. El día que salí de viaje, mi esposa había estado muy ocupada con nuestra hija y se había olvidado de recoger la ropa para mi viaje de la tintorería. Naturalmente, yo tampoco me había acordado de la tintorería hasta que el avión había levantado ya vuelo. Entonces recordé que no tenía conmigo mi saco sport.

¿En qué momento decidí comunicarle lo mucho que me había importunado su descuido? Lamentablemente, escogí hacerlo el mismo instante en que llegué de regreso a casa.

Por eso ella me decía ahora: "John, tú no tienes problema alguno en darme el aspecto severo de tu amor. Pero después de haber estado ausente durante varios días, lo que yo necesitaba en ese momento era tu lado tierno: un abrazo y un cálido saludo, no una lección sobre mi olvido de pasar a buscar tu ropa por la tintorería".

Allí mismo, en el medio de la sala de conferencias, comencé a buscar un hueco donde esconderme. Después de que ella me dijo qué otra cosa la inquietaba, ¡yo ya estaba listo para quedarme en ese hueco para siempre!

—Eso no fue todo, —continuó—. Últimamente le has dado a Kari varias veces un solo aspecto de tu amor también. ¿Recuerdas la otra noche el incidente con el hilo dental?

Nuevamente, ella había traído a colación algo que yo estaba más que ansioso por olvidar.

—Tú le das a Kari el amor tierno que ella necesita, —dijo—. Pero cuando se trata de ser severo con ella cuando lo necesita, como en el caso de obedecer las reglas de la familia…

Cindy no tenía que decir una palabra más. Yo sabía exactamente a qué se refería. Tenemos una regla en la familia que nadie puede extraer más de tres pies de hilo dental por noche. La regla entró en juego un día en que Kari sacó setenta y cinco yardas todas juntas.

Todos entendíamos la regla, pero yo no la estaba haciendo cumplir. Cuando era mi turno de ayudar a Kari a prepararse para ir a la cama, yo "miraba para otro lado" mientras que ella sacaba diez o doce pies de hilo dental con sabor a chicle de bomba.

Después de todo, razonaba, era tan dulce verla… y no tendría siempre cuatro años… y era una regla tan *insignificante*. Sin embargo, esto estaba comenzando a tener un efecto en la relación entre mi esposa y mi hija mayor de lo que yo me imaginaba.

—La otra noche, cuando estabas de viaje, —me dijo Cindy—. Kari comenzó a sacar yardas enteras de hilo dental. Cuando le dije que se limitara a sacar tres pies, de inmediato me dijo con voz desafiante: "¡Papá me deja hacerlo!"

"Ah, sí, ¿Papá te lo permite?", le dije.

"Así es. ¿Y sabes qué? Papá me gusta más que tú, Mamá".

"Y ¿por qué?" le pregunté.

"Porque Papá no me obliga a obedecer las reglas".

Cindy hizo una pausa que pareció durar una hora. Luego continuó:

—John, Kari sabe que tú la amas, pero hay veces que eres demasiado blando con ella. Cuando yo la obligo a respetar las reglas y tú no lo haces, me haces parecer muy estricta, ¡pero eres tú el que está fuera de equilibrio!

Ella se inclinó, me tomó la mano, y me dijo con una sonrisa:

—Cariño, no estoy tratando de ser demasiado dura contigo. No te cambiaría por ningún padre ni esposo del mundo. Cuando lo pienso, creo que *es* una muy buena idea que escribas ese libro. Si te ayuda a aprender a ser más suave conmigo y más estricto con Kari, ¡estoy dispuesta a decirte hoy mismo que sí!

Mi ceño fruncido se convirtió de inmediato en una sonrisa cuando me di cuenta de que Cindy había terminado. *Ahora ha llegado tu turno, Gary*, pensé. Estaba en lo cierto.

—Gary, —Norma dijo con dulzura—, ¿piensas que necesitas un mayor equilibrio entre los dos lados del amor?

—¿Quién? ¿Yo? —le pregunté yo (Gary).

Para refrescar mi memoria, ella me dijo:

—¿Recuerdas lo que ocurrió con Mike y la banana?

En esa época vivíamos en Texas y acabábamos de regresar de un largo viaje. Yo había manejado durante horas, tratando de mantenerme despierto hablando por la banda ciudadana y tomando café (lo cual odio). En lo único que podía pensar era en llegar a casa y meterme en la cama. Por fin, mucho después de la medianoche, entramos al garaje y salimos todos del coche.

—Vamos, chicos, —les dije—. Todos a la cama. Ya mismo.

Michael, que en esa época tenía apenas cinco años, dijo lo último que deseaba escuchar:

—Papá, tengo hambre. ¿Puedo comer algo?

—¡De ninguna manera!" —le dije con una voz llena de frustración y necesidad de dormir—. Estamos todos cansados, y si tú te quedas levantado y comes, todos los demás querrán hacerlo también. Entonces no nos iremos a dormir hasta dentro de una hora. De modo que ve, ponte tu pijama, ¡y hazlo ya mismo!

—Gary, —dijo Norma calmadamente—, ha sido un viaje muy largo. Si él desea comer un poco de cereal, yo me quedaré con él durante unos minutos para que tú te puedas ir a acostar.

Ahora estaba molesto con Mike por querer quedarse levantado y con Norma por exponer mi falta de sensibilidad. Lleno de frustración, dije:

—¿Deseas comer algo, Mike? ¡Muy bien!

De repente, tomé una banana del estante, la pelé, y la empujé hacia él. Desgraciadamente, él se corrió hacia mí al mismo tiempo, y la banana lo golpeó en la cara *cerca* de su boca, pero no dentro de ella.

Cuando Mamá corrió a proteger a su hijo de la banana, irrumpió el caos total en nuestra casa. Mi egoísmo y falta de sensibilidad habían herido tanto el espíritu de mi esposa como el de mi hijo y me habían metido en un serio problema. ¡Estaba tan avergonzado y molesto conmigo mismo que no pegué un ojo en toda la noche!

Allí mismo, les pedí perdón a ambos antes de irnos a dormir, pero de todas maneras pasaron días y días hasta que todo pasó. Y, ahora, Norma me estaba recordando el incidente.

—Gary, casi siempre eres maravilloso con los niños, —dijo—. Ellos saben cuánto los amas y cuán orgulloso te sientes de ellos.

Pero de vez en cuando, en especial con Michael, puedes ser muy crítico. Y cuando esto ocurre, ¡es como si le volvieras a empujar una banana dentro de la boca una vez más!

Una vez había sido suficiente. Podía comprender exactamente lo que ella me quería decir, y sabía que, al igual que John, yo necesitaba otorgar un amor más equilibrado en mi propio hogar. Así que asumí el compromiso de hacerlo.

Entonces Norma añadió: "Estoy de acuerdo con Cindy. Este libro es una buena idea. Es más, nada me complacería más que ver que te concentres en agregar ternura a nuestra relación y a nuestro hogar en los años venideros". Luego dijo: "Y cuando terminen el libro, ¡mantendré una copia junto a mi cama en caso de necesitarla en un momento de urgencia!

Como se habrán dado cuenta, ya que sostienen el libro en sus manos, Norma y Cindy finalmente accedieron a que escribiéramos el libro. Pero primero tuvimos que poner estos conceptos en práctica durante varios meses. Esa tarde, ellas utilizaron los principios que ustedes aprenderán aquí para ayudar a fortalecer los hogares tanto de los Smalley como de los Trent. Y lo primero que hicieron fue ayudarnos a identificar nuestros propios puntos de equilibrio: lo mismo que les mostraremos cómo hacer a continuación.

Cómo descubrir nuestras tendencias

Más adelante, describiremos diversas maneras específicas en que pueden equilibrar los dos lados del amor y construir relaciones fuertes y duraderas como resultado de ello. Pero al comenzar el trayecto, tenemos que primero saber de qué punto partimos. Si no lo hacemos, ningún mapa de rutas del mundo nos podrá ayudar.

Debido a eso, los ayudaremos a descubrir su punto de equilibrio personal: hoy mismo. Podrán darse cuenta en qué lugar están ubicados en lo que se refiere al equilibrio de los dos lados del amor.

Cuando se relacionan con los demás a diario, ¿se inclinan más hacia un lado que hacia el otro? ¿Se encuentran ubicados en el extremo de una vida estricta, dando órdenes y emitiendo críticas sin ninguna demostración de cariño? ¿Les resulta fácil ser firmes con los problemas, pero demasiado firmes además con las personas también?

Cuando se relacionan con los demás a diario,
¿se inclinan más hacia un lado que hacia el otro?

¿O muy pocas veces van más allá de una blandura poco saludable, sin deseos de enfrentar a nadie ni tomar la delantera? ¿Dudan antes de actuar, aun cuando saben que tendrían que ser firmes y fuertes con los demás? ¿Acaso su ternura con la gente se ha ido a tal extremo que son blandos con los problemas que los acosan a ustedes y su familia, a pesar de que sean problemas graves?

Y lo más importante de todo: *¿Saben cómo los perciben aquellos que están junto a ustedes a diario?*

Si realizan la autoevaluación que sigue a continuación, podrán descubrir su punto de equilibrio personal. Quizás no comprendan la necesidad para tal examen propio, pero estamos seguros de que las personas que los rodean sí lo entienden. Así que, aunque sea por ellas, tomen cinco minutos y sigan las simples instrucciones para completar esta herramienta.

Cómo descubrir su punto de equilibrio personal

Abajo se encuentran enumerados veinte pares de palabras. Para tomar la prueba, comiencen pensando en la persona más cercana a ustedes (su cónyuge si están casados, o un amigo cercano o padre si son solteros). Luego tracen un círculo alrededor del número que represente mejor la manera en que se comportan con esa persona. Traten de responder de acuerdo con la manera en que se comporten *actualmente y constantemente* con esa persona, y no de la manera en que *desearían* comportarse o la manera en que lo hagan *de vez en cuando*.

También les recomendamos que le pidan al mismo ser querido que llene la herramienta según como *él o ella* los perciban. Luego ambos podrán conversar sobre los resultados, notando en especial todas aquellas diferencias de percepción que puedan surgir.

La primera vez que un hombre con una fuerte personalidad tomó esta prueba, se atribuyó un puntaje que lo colocó en el centro mismo del lado tierno. Sin embargo, cuando lo evaluó su esposa, el resultado lo acercaba más a Atila el huno que a la Madre Teresa. Tardó un poco en salir de su shock. Sin embargo, cuando hablaron sobre las diferentes percepciones de la manera en que él actuaba en casa, resultó una de las conversaciones más ilustrativas y útiles que hubieran tenido jamás.

Para tener una mejor idea aún, pueden tomar la prueba nuevamente basándose en la manera en que respondan a cada uno de sus *hijos*. Si estos son ya lo suficientemente grandes, podrían utilizarla para evaluarlos a ustedes también.

Cuando creamos esta herramienta, les pedimos a familias enteras (con niños en edad escolar o mayores) que se sentaran alrededor de la mesa y lo tomaran como una noche en familia. Una y otra vez, cuando existe la libertad de conversar sobre los puntajes de los demás, y los sentimientos y temas subyacentes, hemos observado que esta experiencia ayuda a reparar las brechas en las relaciones y une a las familias más íntimamente.

Por último, tengan cuidado de ver esta herramienta como una ventana en la vida de los demás y no como un arma de ataque. Si descubren que sus seres queridos se han inclinado hacia un extremo, no los denigren. Por lo general, conviene permitirles que ellos mismos descubran mediante la evaluación dónde se encuentran, que señalándoles sus defectos.

Tomen en cuenta que sea cual sea nuestro puntaje hoy, podemos avanzar a un mejor equilibrio. Más adelante, les daremos detalladamente diez maneras específicas en que pueden ser más tiernos si son demasiado estrictos. Y describiremos también diez maneras en que pueden ser más firmes si actualmente despliegan una blandura malsana. Cuando se trata de dar ambos aspectos del amor, todos tenemos la posibilidad de crecer.

Cómo encontrar su punto de equilibrio personal

Ejemplo:

Toma la delantera					Seguidor	
1	2	3	4	5	6	7

Si ustedes tienden a tomar la delantera en sus relaciones de manera rápida y constante, trazarían un círculo alrededor del número 1. Si tienden a seguir la dirección de los demás o es lo que desean la mayoría de las veces, trazarían un círculo alrededor del 7. Si se encuentran en el medio de ambos extremos, trazarían un círculo alrededor del número que mejor represente la manera en que se relacionan con sus seres queridos.

Una evaluación de firmeza o ternura

¿Cómo suelen comportarse en su relación con _____?

(Nombre del ser querido)

1. Toma la delantera   Seguidor

1	2	3	4	5	6	7

2. Enérgico   Nada exigente

1	2	3	4	5	6	7

3. Muy activo   Reservado

1	2	3	4	5	6	7

4. Lucha por alcanzar   Permite que otros
sus objetivos personales   le establezcan sus objetivos

1	2	3	4	5	6	7

5. Tiene dominio propio   Le falta disciplina

1	2	3	4	5	6	7

6. Toma decisiones rápidas   Vacila antes de
tomar una decisión

1	2	3	4	5	6	7

7. Desea escuchar
   los hechos

Desea compartir
sus sentimientos

| 1 | 2 | 3 | 4 | 5 | 6 | 7 |

8. Motiva a los demás

Responde

| 1 | 2 | 3 | 4 | 5 | 6 | 7 |

9. Es muy competitivo

No es competitivo

| 1 | 2 | 3 | 4 | 5 | 6 | 7 |

10. Es posesivo

Comparte

| 1 | 2 | 3 | 4 | 5 | 6 | 7 |

11. Es autoritario

Es tímido

| 1 | 2 | 3 | 4 | 5 | 6 | 7 |

12. Expresa su enojo a los demás

Retiene su enojo

| 1 | 2 | 3 | 4 | 5 | 6 | 7 |

13. Resiste las correcciones

Se deja enseñar

| 1 | 2 | 3 | 4 | 5 | 6 | 7 |

14. Comparte abiertamente
sus opiniones

Esconde sus verdaderos
sentimientos

1   2   3   4   5   6   7

15. Funciona bien bajo presión   Funciona mal bajo presión

1   2   3   4   5   6   7

16. Da una lección a la persona herida   Escucha y consuela

1   2   3   4   5   6   7

17. Guarda rencor   Perdona fácilmente

1   2   3   4   5   6   7

18. Establece normas rígidas   Establece normas flexibles

1   2   3   4   5   6   7

19. Es duro con él (ella) como persona   Es tierno con él (ella)

1   2   3   4   5   6   7

20. Es duro con los
problemas de él (ella)

Es blando con los
problemas de él (ella)

1   2   3   4   5   6   7

Sacar el puntaje:
Total de todos los números con un círculo alrededor = _____

Marque su puntaje total con una "X" en el renglón más abajo.

Firme		**Índice de intensidad**				Tierno
20	40	60	80	100	120	140

Proyecto de aplicación:
Le recomendamos que converse con su cónyuge o amigo para ver cuán cerca o cuán lejos estaba su puntaje del de ellos.
Por ejemplo:

Firme		**Índice de intensidad**				Tierno
	X			X		
20	40	60	80	100	120	140

Mi cónyuge (amigo)   Yo me percibí a mí mismo
me percibió

Mucha gente descubre que su puntaje se encuentra entre 75 y 105. Esto indica, a menudo, un toma y daca al expresar ambos lados del amor. Los que tengan un puntaje inferior a 65 o mayor a 115 expresan típicamente un aspecto mucho más que el otro. Sea cual sea su puntaje, observarán que el material en los capítulos siguientes es muy útil para desarrollar o mantener la capacidad de expresar la ternura o firmeza que sean necesarias.

Recuerden que un ser querido o amigo íntimo tiene que verificar su puntaje para ver cómo esa persona lo percibe. Una y otra vez, hemos visto que la gente se coloca en el medio de la escala, mientras que sus seres queridos los colocan en uno u otro extremo de la misma.

Si deseamos construir seriamente relaciones sólidas, lo importante es encontrar nuestro punto de equilibrio personal. Sin embargo, ése es tan sólo el primer paso para el desarrollo de un amor absoluto. Ver dónde nos encontramos no es suficiente. Si deseamos equilibrar los dos lados del amor, tenemos que saber además qué fue lo que nos trajo a ese punto y cómo podemos realizar los cambios necesarios.

En los siguientes capítulos, veremos que existe algo más que necesitamos descubrir. Se trata de algo que va de la mano con todo lo que hemos conversado hasta ahora. De hecho, para poder equilibrar nuestro amor por los demás, tenemos que comprender cuál es quizás el factor más importante que nos empuja hacia un extremo o el otro.

Nos referimos a las fortalezas particulares de la personalidad que todos poseemos como personas. Algunos de nosotros somos naturalmente estrictos con los demás cuando es necesario. Sin embargo, luchamos por mostrar calidez y ofrecer elogios. Para otros, nuestro estilo personal pone suavidad al alcance de la mano, pero la firmeza que necesitamos para encarar los problemas y adoptar una postura sólida se nos resbala por entre los dedos.

Cuando podemos comprender claramente el temperamento que nos ha dado Dios, entendemos mejor las causas comunes de la falta de armonía en el hogar. Nos proporciona además una manera práctica de resolver las eternas fricciones dentro de la familia; aumenta dramáticamente el valor que les otorgamos a nuestros seres queridos y familiares; y nos da una razón más para honrar a Dios. Todo esto comienza al observar que toda vez que nuestras virtudes naturales están fuera de equilibrio, aunque sea muy poco, ello afecta poderosamente nuestra capacidad de dar y recibir los dos lados del amor.

♎

Capítulo Tres

¿Hacia qué Lado se Inclinan?

"No puedo creerlo. Mi relación con mi hija ha cambiado tanto. ¡Hemos disfrutado de las mejores seis semanas de nuestra vida! Ni mi esposo lo puede creer. Si tan sólo hubiera sabido antes lo que Jessica realmente necesitaba".

Era un martes a la noche y hacía mucho frío. Un grupo se estaba reuniendo para su estudio bíblico semanal. Una atractiva mujer rubia de alrededor de treinta años se había acercado corriendo para hablarme a mí (John) no bien entró.

Ella me dijo: "Hace seis semanas escuché su presentación en otro grupo sobre la necesidad de brindar los dos lados del amor. Tomé la prueba que nos dio, y pude ver que me destaco como muy estricta con los problemas. Pero ese día pude ver que además soy muy estricta con las personas, en especial con mi hija".

"Jessica tiene once años, y tiene virtudes naturales muy diferentes a las mías. Cuando me percaté de ello, pude ver que toda su vida le había estado poniendo presión para que fuera más rápido e hiciera más cosas, ya que ella avanzaba lentamente y hacía menos cosas de las que yo deseaba que hiciera. Por fin pude comprender cuán diferentes que éramos. Ella tiene una gran necesidad de hacer las cosas bien y terminar un proyecto antes de comenzar uno nuevo. Hasta ese momento, yo no había valorado esas virtudes".

"Usted le puede preguntar a mi esposo", me dijo, colocando su brazo alrededor de un hombre que se había acercado a nosotros. "Él solía ser el árbitro en nuestro hogar, evitando que Jessica y yo nos acogotáramos. Pero estas últimas seis semanas, he dejado de apurar a Jessica con sus tareas escolares y no le dije que escribiera cualquier cosa en una nota de agradecimiento para poder enviarla por fin por correo. En vez de criticarla, he comenzado a elogiar su exactitud".

"Siento por fin que la entiendo, y esto ha cambiado totalmente nuestra relación", continuó, sonriendo. "De hecho, ¡me ha motivado para dejar de ser una persona tan estricta y ahora soy más tierna que nunca!"

¿Qué fue lo que causó tal cambio en la relación de esta mujer con su hija? Ella ya sabía (y la prueba que tomó lo confirmaba) que, por naturaleza, era una persona muy estricta. Sin embargo, al tomar el siguiente paso y descubrir las fortalezas básicas de su personalidad, aprendió varias cosas que le ayudaron a equilibrar su amor y que ocasionaron un cambio positivo en la vida de su hija. Y las verdades que ella aprendió podrían aportar una gran diferencia a sus relaciones también.

¿Podrán descubrir la razón principal por la que las personas pierden el equilibrio, o sea, por qué son demasiado blandas o demasiado estrictas, y cómo corregir el problema.

Pareciera como que los niños vienen totalmente equipados con una cierta inclinación de la personalidad dada por Dios. Aun como adultos solemos expresar esa inclinación de manera evidente. Por ejemplo, el Proverbio 22.6 es un versículo familiar que dice: "Instruye al niño en el camino correcto, y aun en su vejez no lo abandonará".

En el idioma original del Antiguo Testamento, ese versículo

dice en realidad: "Instruye al niño *de acuerdo con sus inclinacio-nes*…" Esas inclinaciones son tan pronunciadas que un hombre que respetamos mucho, el Dr. Ross Campbell, siente que ya es posible detectarlas en los recién nacidos.[6]

En unas páginas más, les mostraremos cómo pueden descubrir las fortalezas de su personalidad. Les damos un test de una página que los puede ayudar a reconocer y valorar las fortalezas de los demás, así como las propias, como no lo habían hecho nunca jamás. Cuando compartimos este test con miles de solteros y pa-rejas de todo el país, vimos que lo que aprenden gracias a él los ayuda inmediatamente a unirse más como parejas y familias.

Además de descubrir sus fortalezas personales, verán cómo, cuando llevadas a un extremo, éstas los pueden sacar de equili-brio y hacer que sean demasiado blandos o demasiado firmes. De las cuatro inclinaciones que despliegan las personas, dos tien-den a empujarlas hacia el lado estricto. Las personas con tales inclinaciones tienden a ser muy estrictos con los problemas. Y, desgraciadamente, suelen ser estrictos con las personas también.

Las otras dos clases de personas se inclinan hacia el lado tier-no en las relaciones. Tienden a apoyar mucho a los demás. Pero, a menudo, son demasiado blandas con los problemas que exigen una respuesta firme.

Muchos de los conflictos familiares obedecen al hecho de que las fortalezas naturales de una persona son percibidas como debilidades.

Cuando tomen la encuesta personal que les hemos propor-cionado, podrán ver cuáles son sus fortalezas personales y las de los demás. Luego, con la ayuda de los capítulos siguientes, po-drán ver hacia qué lado se inclinan naturalmente. Estos son sólo dos de los beneficios que obtendrán de la encuesta. Hay más.

• *Comenzando con el siguiente capítulo, podrán darse cuenta de inmediato cuál es el fondo de los conflictos familiares; y podrán ver cómo resolverlos.*

Es increíble cuántos de los conflictos familiares obedecen al hecho de que las fortalezas naturales de una persona son percibidas como debilidades. Una percepción clara de lo que motiva naturalmente a una persona puede abrir la puerta a una mayor compasión, paciencia, compromiso y cuidados. Lo que es aún más, verán cómo las fortalezas de la personalidad natural de las personas, apenas fuera de equilibrio, pueden convertirse en sus mayores flaquezas y en un comportamiento irritable. Puede resultarnos muy útil saberlo, sobre todo cuando haya estrés o tensión en el hogar.

Los diferentes temperamentos manejan las tensiones de diferentes maneras. Por ejemplo, las dos inclinaciones naturales que tienden a ser más estrictas suelen ser más controladoras de las personas y de las situaciones. Si eso no funciona, no vacilan en juntar sus pertenencias y alejarse completamente del problema. Sin embargo, las dos inclinaciones hacia el lado blando tienden a rendirse o a abandonar la lucha demasiado rápidamente o a ser demasiado verbales y emocionales en su intento por conseguir lo que quieren.

• *Podrán aprender a manejar sus propias debilidades.*

¿Pueden pensar en un área de conflicto, ya sea pasada o presente, de su vida? Si les pidiéramos que escribieran sus tres mayores flaquezas en una tarjeta de 3 x 5, ¿lo podrían hacer? ¡Muchos de nosotros apenas estaríamos haciendo un precalentamiento si enumeráramos tan sólo tres! En realidad, ¡comenzaríamos a buscar un bloc de notas grande para escribirlas a todas!

La mayoría de las personas, en especial los cristianos, saben muy bien cómo comprender sus debilidades. Sin darse cuenta, al concentrarse en ellas, bloquean su capacidad de resolver esas áreas críticas. La razón de ello es que *no se pueden superar las debilidades sin conocer primero las fortalezas*. ¿Por qué?

Casi sin excepción, nuestras debilidades son simplemente el reflejo de nuestras fortalezas llevadas al extremo. Por ejemplo, la inclinación hacia la blandura incluye a menudo la capacidad de escuchar con cuidado y atención a los demás. A veces, nos concentramos tanto en escuchar que no hacemos las preguntas difíciles que deberíamos hacer. Asimismo, podemos escuchar hasta tal extremo los problemas de los demás que nos preocupamos demasiado por ellos o no nos tomamos el tiempo de verbalizar nuestras propias penas y preocupaciones.

Algunas personas pueden tener la aptitud natural de ser pensadores críticos. Cuando está en equilibrio, este talento puede ayudarlos a analizar minuciosamente las cosas o los proyectos. Pero, si esta virtud no está equilibrada, la misma capacidad para diseccionar las cosas puede terminar por diseccionar a las personas también.

Si utilizan el formulario de evaluación personal al final de este capítulo, verán más claramente sus fortalezas o las verán bajo una luz diferente. De hecho, hemos visto que mucha gente, después de tomar este test, aprende por primera vez a valorar la manera en que Dios los ha creado.

• *Podrán descubrir una clave importante para ser como Cristo.*

El descubrimiento de estas inclinaciones naturales nos puede ayudar a ver el amor de Cristo de una manera más clara y profunda. ¿Cómo?

La manera en que Jesús trataba a los demás demostraba que la fortaleza de todas las cuatro personalidades básicas estaba en equilibrio. Ver las inclinaciones de su persona en toda su perfección nos puede brindar un desafío y acercarnos más que nunca a Él.

Cómo utilizar nuestras fortalezas para equilibrar el amor

Sabemos que hoy día existen muchos tests de personalidad muy buenos. En total, hemos examinado más de treinta herramientas diferentes que podrían darles una lectura útil de su temperamento básico.

Sin embargo, para lograr nuestros propósitos aquí, hemos mirado los tipos de personalidad bajo una lupa algo diferente. Ésa es la razón por la cual hemos ideado nuestra propia herramienta. Ésta les ayudará a ver con toda claridad cómo afectan específicamente sus fortalezas a su capacidad de dar ambos lados del amor a sus amigos y familiares.

Si después de tomar esta breve encuesta desean un análisis más profundo de su personalidad, una de las herramientas que les recomendamos es la encuesta PDP "Pro Scan". El Dr. Mike Williamson, un cristiano dedicado y amigo íntimo del Dr. James Dobson, ayudó a crear este test extremamente confiable que proporciona un detallado análisis de diez páginas. A pesar de que tiene como intención ayudar a las personas a identificar las fortalezas de su personalidad y las tensiones en el lugar de trabajo, puede ser también adaptado a las situaciones en el hogar. (Para una mayor información sobre cómo obtenerlo, además de otras encuestas de la personalidad, ver la sección de Notas en la parte posterior de este libro.[7])

*Casi sin excepción, nuestras debilidades son el reflejo
de nuestras fortalezas llevadas al extremo.*

Al crear nuestra encuesta, tratamos de ser sensibles a dos importantes inquietudes. Primero, opinamos que no siempre se puede clasificar ni rotular la conducta. Los diferentes tipos de personalidad no caben en sólo cuatro recuadros. Por eso enfatizamos que cada persona es en realidad una mezcla de las cuatro inclinaciones naturales. De hecho, a pesar de que la mayoría de la gente tiene una o quizás dos inclinaciones principales de la personalidad, necesitamos recurrir a las cuatro para poder crear relaciones sólidas.

Las personas suelen verse en una de las categorías, con una inclinación secundaria presente, aunque menos destacada. Sin embargo, no es nuestro objetivo el restringir la conducta poniéndole un nombre. Tenemos, más bien, la esperanza de que sus títulos nos ayuden a comprender el lugar en donde nos encontramos hoy, de modo que podamos utilizar más fácilmente las fortalezas de todas las inclinaciones mañana, para poder así brindar a los demás los dos lados del amor.

Segundo, deseábamos captar esas inclinaciones naturales de manera que fueran fáciles de entender y recordar. Por esa razón decidimos describirlas mediante el uso de diferentes animales.

Corrie ten Boom fue quien nos inspiró a enseñar mediante el uso de objetos. Nuevamente, al tratar de mantenernos alejados de rótulos limitados, nos agradó la idea de utilizar nombres de animales para infundir vida a las diferentes inclinaciones. Si no les agrada que los describan de manera divertida como una de las criaturas peludas de Dios, sientan la libertad de cambiar los títulos descriptivos por algo con lo que se sientan más a gusto.

Teniendo todo eso presente, los invitamos a tomar la Encuesta de Fortalezas Personales. Al hacerlo, verán de manera directa cuáles son sus fortalezas naturales. Es más, comenzarán a ver cómo pueden entremezclar sus fortalezas naturales con las de aquellas personas que vivan con ustedes en su hogar.

Cómo tomar la Encuesta de Fortalezas Personales

Hemos tratado que esta encuesta sea lo más sencilla posible, lo cual no ocurre con todos los tests. Por ejemplo, un popular test de la personalidad tiene más de trescientas preguntas. Algunas de ellas preguntan: "¿Huele usted cosas que no huelen los demás?" y "Cuando mira televisión, ¿le contestan a usted las personas?"

En la Encuesta de Fortalezas Personales, lo único que les pedimos es que tracen un círculo alrededor de unas pocas simples palabras que los describan. Luego, con esa información, les mostraremos específicamente cuáles son sus fortalezas especiales y por qué razón los hacen ser una persona valiosa en todas sus relaciones.

Para completar esta herramienta, tan sólo lean los cuatro recuadros más abajo (la L, C, N y G) y *tracen un círculo alrededor de cada palabra o frase que les parezca que describe un rasgo coherente de su carácter.* A continuación, sumen la cantidad de palabras o frases que hayan marcado en cada recuadro. Luego sólo falta un paso más: *dupliquen el puntaje* para calcular el total de cada recuadro. ¿Qué podría ser más fácil que esto?

Si éstas son todas las instrucciones que necesitan, avancen y tomen la encuesta. Sin embargo, si ustedes son la clase de personas que piensan que estas cosas tendrían que ser más complicadas, aquí les brindamos algunos detalles más.

Como habrán notado, cada recuadro tiene catorce palabras o grupos de palabras (como "se hace cargo", "decidido" y "firme") y una frase (como "¡Hagámoslo ya!").

En el primer recuadro (con una *L* encima), quizás lean cada palabra o frase y decidan trazar un círculo alrededor de una sola palabra que representa un rasgo bastante coherente de su carácter. Por otro lado, quizás decidan que las catorce palabras e incluso la frase les sean pertinentes. En ese caso, trazarían un círculo alrededor de las quince opciones disponibles.

Repasen cada recuadro, trazando un círculo alrededor de todas las palabras y frases que describan como ustedes son constantemente. Luego dupliquen la cantidad de palabras que hayan marcado para averiguar el resultado final de cada uno de los recuadros.

Recuerden que si no marcan al menos una palabra o frase en cada uno de los recuadros, ¡probablemente no posean una personalidad! (¡Y ese sería un problema que supera los alcances de este libro!)

Por último, tomen los resultados finales de todos los recuadros y transfiéranlos al gráfico que está debajo de la encuesta. Lo último que queda por hacer es algo que a la mayoría de nosotros nos agrada: ¡conectemos un punto con otro!

Cuando tomen esta breve encuesta personal, recuerden dos cosas. Primero, marquen sus respuestas de acuerdo con la manera en que se relacionan con los miembros de su familia: las personas más importantes de su vida. Sin embargo, quizás deseen hacer una copia de este inventario y tomar la encuesta una vez más según la manera en que respondan a las personas en su lugar de trabajo. ¿Por qué?

Porque muchas personas tienden a modificar sus acciones y actitudes entre el hogar y el trabajo. Por ejemplo, hemos visto muchos hombres que son extremadamente estrictos en el trabajo, pero cuando llegan a casa tienden a ser demasiado blandos. Es posible que descubran que una de las fuentes de mayor estrés personal es tener que ser de una manera en casa y otra en el trabajo.

Segundo, traten de trazar un círculo alrededor de la respuesta que describa quiénes realmente son y en la manera en que actúan con los demás en este momento, y no basándose en cómo les *gustaría* ser o en quiénes siempre *desearon* ser. Algunas encuestas y tests incluyen elaboradas escalas de "mentiras" para obligar a las personas a ser honestas cuando toman el test. Nosotros hemos decidido no hacerlo con nuestra encuesta.

¿Acaso pueden tratar de lucir "mejor" en esta encuesta de lo que realmente son? Por supuesto que sí. ¿Deberían hacerlo? No si lo que desean es una evaluación honesta de quiénes son y cómo se relacionan con los demás. Ésa es una de las razones por las cuales les pedimos a la gente que le soliciten a un ser querido o amigo cercano que llene la encuesta basándose en la manera en que *ellos* los perciben. De esa manera se puede obtener un análisis más objetivo.

Encuesta de Fortalezas Personales

Una vez más, en cada recuadro, tracen un círculo alrededor de la palabra o frase que describa un rasgo coherente de su carácter. Sumen la cantidad que hayan marcado en cada recuadro, luego dupliquen el resultado. A continuación, tomen el puntaje total de cada recuadro y colóquenlo en el gráfico. Tomen ahora unos pocos minutos para completar la encuesta y llenar el gráfico antes de continuar.

L

Se hace cargo	Audaz
Decidido	Resuelto
Autoritario	Toma decisiones
Firme	Líder
Emprendedor	Impulsado por los objetivos a alcanzar
Competitivo	Independiente
Disfruta los desafíos	Aventurero

"¡Hagámoslo ahora mismo!"

Duplique el número de palabras marcadas con un círculo _____

C

Reflexivo	Tiene criterio
Controlado	Minucioso
Reservado	Analítico
Predecible	Inquisitivo
Práctico	Preciso
Metódico	Persistente
Objetivo	Programado

"¿Cómo se hacía antes?"

Duplique el número de palabras marcadas con un círculo _____

N

Arriesgado	Ama la diversión
Con visión de futuro	Le gusta la variedad
Inspirador	Disfruta los cambios
Lleno de energía	Creativo
Muy verbal	Orientado hacia los grupos
Promotor	Se mezcla fácilmente con los demás
Evita los detalles	Optimista

"¡Créanme! ¡Esto va a funcionar!"

Duplique el número de palabras marcadas con un círculo _____

G

Leal	Complaciente
Nada exigente	Comprensivo
Estable	Atento
Evita conflictos	Ofrece cuidados
Disfruta la rutina	Paciente
No le agradan los cambios	Tolerante
Relaciones profundas	Buen oyente

"Mantengamos las cosas así como están"

Duplique el número de palabras marcadas con un círculo _____

Gráfico de Encuesta de Fortalezas Personales

L	C	N	G
30			
15			
0			

Después de haber tomado la encuesta y transferido el resultado al gráfico, ¿qué significa todo esto?

Las cuatro letras en la parte de arriba de cada sección equivalen a los cuatro tipos básicos de personalidad que describiremos con más detalles en los capítulos a continuación. Cada uno de estos tipos tiene la clave que indica si somos firmes o tiernos en las relaciones. Como verán, todos somos una combinación de los cuatro tipos. Pero por ahora, echemos una mirada rápida a los cuatro animales en cuestión.

Con un puntaje alto en la línea de la L están los que llamamos *leones*. Los leones son los líderes que se hacen cargo de las cosas. Por lo general, son los jefes en el lugar de trabajo, ¡o al menos piensan que lo son! Son resueltos, no andan con vueltas y son hacedores, no observadores u oyentes. Les encanta resolver problemas. Sin embargo, desafortunadamente, si no aprenden a utilizar los dos lados del amor, su inclinación natural hacia la firmeza puede causarles problemas con los demás.

Con un puntaje alto en la línea de la C están los que llamamos *castores*. Los castores tienen una gran necesidad de hacer las cosas "bien" y "según las reglas". De hecho, ¡son la clase de personas que realmente leen los manuales de instrucciones! Les gustan los mapas, los gráficos y la organización. Son magníficos para proporcionar control de calidad a los hogares u oficinas.

Dado que las reglas, la constancia y las normas de calidad son tan importantes para los castores, estos, al igual que los leones, comunican a menudo el aspecto estricto del amor a los demás. Los castores tienen sentimientos profundos por los que aman. Pero aprender a equilibrar los dos lados del amor implica generalmente el agregado de la capacidad de comunicar esa ternura y calidez de una manera que puedan ser sentidas y comprendidas claramente por los demás.

Con un puntaje alto en la línea de la O están los llamados *nutrias*. Las nutrias son excitables y sbuscan la diversión. Son los animadores que nunca cierran el pico. Son magníficos para motivar a los demás y necesitan encontrarse en un medio ambiente donde puedan charlar y tener un voto en las decisiones importantes.

La naturaleza extrovertida de las nutrias los convierte en magníficos creadores de redes de contactos: por lo general conocen gente que conoce gente que conoce gente. ¡El único problema es que por lo general no conocen el nombre de todos! Pueden ser muy tiernos y alentadores (a menos que estén bajo presión; en esos casos tienden a usar sus talentos verbales para atacar). Pero debido a su gran deseo de caerle bien a los demás, a veces no son estrictos con los problemas y consecuentemente pueden causar mayores problemas aún.

Con un puntaje alto en la línea de la G están los llamados *golden retrievers*. En cuanto a su naturaleza, estas personas son exactamente iguales a sus homólogos. Si pudiéramos escoger una palabra para describirlos, sería *lealtad*. En realidad, son tan leales que pueden absorber el dolor emocional y castigo en las relaciones, y permanecer dedicados a ellas. Son magníficos oyentes, muy comprensivos y siempre listos para dar aliento a los demás. Todas estas capacidades indican gran afabilidad. Sin embargo, su tendencia a complacer a los demás puede hacer que les resulte difícil agregar firmeza a su amor cuando ello sea necesario.

¡Con todos estos animales correteando por las familias, iglesias y oficinas, la vida puede parecernos un zoológico! De modo que ¿cómo podemos domesticar nuestra propia versión del "Reino Salvaje"? Como verán al comienzo del siguiente capítulo, la respuesta viene mediante el aprendizaje de la manera en que cada una de estas personalidades puede ofrecer los dos lados del amor, así como la comprensión de qué es lo que evita que lo hagan.

Miremos primero los dos animales que exhiben el aspecto firme del amor de la manera más natural: los leones y los castores. Veamos cómo tienden a responder en las relaciones familiares y laborales. Después de eso, nos concentraremos en los dos animales que tienden a reflejar el aspecto dulce del amor: las nutrias y los golden retrievers. Después tomaremos en consideración diez maneras específicas en que las personas estrictas pueden aprender a agregar ternura a su vida, seguidas por diez maneras específicas en que las personas blandas pueden añadir a su amor la firmeza que necesitan.

Comencemos por echar un vistazo a aquellas personas que a menudo reflejan una actitud propia del "rey de la jungla" tanto en los negocios como en las relaciones personales: nuestros amigos los leones.

♌

Capítulo Cuatro

Cómo Descubrir
las Fortalezas de un León

Los leones poseen un sinnúmero de admirables fortalezas rígidas. Son decididos, resueltos y magníficos para conquistar casi cualquier desafío. Sin embargo, al igual que con las demás personalidades, si sus virtudes están fuera de equilibrio, esos rasgos pueden llegar a convertirse en sus mayores debilidades.

Hace poco escuchamos la increíble historia de un niño de ocho años cuyo padre había tenido un puntaje altísimo en la escala del león. Este hombre era el gerente de mantenimiento de su compañía, pero sabía en su corazón que algún día sería su dueño. Su empuje para lograr cosas en el trabajo lo mantenía alejado del hogar durante la mayor parte del día, dispuesto a darles únicamente las sobras emocionales a su esposa e hijos.

Un excepcional sábado libre a la mañana, este hombre estaba sentado en su sillón favorito, leyendo el periódico, cuando entró su hijo.

Durante varios minutos, el niño estuvo de pie junto a su padre sin proferir una sola palabra. Su duro padre trató por todos los medios de ignorarlo, poniendo una cara muy seria. No obstante, por fin, cuando se dio cuenta de que su hijo no se iba a retirar de allí, bajó el periódico y le dijo bruscamente: "Bueno, ¿qué quieres ahora?"

Su hijo sonrió y le mostró un puñado de billetes de dólares todos estrujados y algunas monedas surtidas. "Toma, Papá", le dijo, poniéndolos en la palma extendida de su padre.

—¿Para qué es esto? —preguntó su padre.

Esto es todo lo que tengo dentro de mi alcancía. Son ocho dólares y cincuenta y cuatro centavos. Papá, son todos para ti si te quedas en casa y juegas conmigo hoy.

El padre león se había pasado la vida anteponiendo el trabajo a la familia. Y cuando no estaba trabajando, estaba descansando del trabajo. Nunca se tomaba un rato para jugar con su hijo, ya que no sentía que "lograba" nada haciéndolo. Por fin, su hijo le había tocado el corazón. Se dio cuenta de que un niño de ocho años estaba dispuesto a darlo todo con tal de pasar un rato con su papá.

Los rasgos del típico león

Por supuesto, no todos los leones son tan duros como este hombre. Sin embargo, desde una tierna edad se destacan siete características en la conducta del típico león. Es más, estas características tienden a proyectarse al matrimonio y el lugar de trabajo.

Esas fortalezas hacen que los leones sean naturalmente estrictos con los problemas. Pero el mayor desafío que enfrenta un león es añadir suficiente ternura a su estilo natural como para evitar ser demasiado duro con las personas. ¿Cuáles son estas características comunes del león?

1. Los leones son líderes innatos

¿Tienen alguna vez la sensación de que su hijo o hija les permiten vivir en casa? Si es así, probablemente sean padres de un león. Desde temprana edad, los leones desean estar a cargo de todo. Cuando crecen, se inclinan naturalmente hacia las posiciones de liderazgo en la escuela, el trabajo y la iglesia. Sin duda, ellos se sienten cómodos cuando son los que deciden lo que hay que hacer. Como nos dijo un amigo león: "Desde la escuela primaria, ¡nunca conocí a un grupo que no pudiera liderar!"

Los leones tienden a automotivarse y es poco lo que necesitan para mantenerse en acción. De hecho, como Pedro y Pablo en las Escrituras, ¡lo único que necesitan es que les señalen el camino correcto! Por lo general, ya están yendo en una dirección específica, por sí solos, y esperan que los demás los sigan.

Los leones están tan orientados hacia el liderazgo que a menudo resisten el control de los demás. Como niños, sus padres piensan a menudo que deberían pegar sus fotografías en la tapa del libro del Dr. Dobson: *Cómo criar a un niño de voluntad firme.* Y a pesar de que esta característica puede ayudarlos a ser fuertes e independientes más adelante en la vida, es muy importante que aprendan que los mejores líderes saben también cómo obedecer. Por lo menos, necesitan recordar que todos tenemos un jefe, aun cuando nuestro único jefe sea Dios.

Los leones están convencidos de que la vida es una
serie de problemas que ellos tienen que resolver
o desafíos que necesitan enfrentar.

A lo largo de los años, hemos conocido muchos líderes cristianos. ¿Pueden adivinar quiénes son los que se encuentran a menudo a cargo de los ministerios e iglesias? Los leones. Ellos han tomado sus virtudes naturales de liderazgo y las han utilizado para avanzar con una visión o para inspirar el liderazgo en otras personas. Pero el liderazgo no es su único deseo o virtud.

2. A los leones les agrada llevar a cabo cosas con resultados inmediatos.

Algunos padres nos han dicho que sus hijos leones comenzaron a dar órdenes el momento mismo en que salieron del vientre de su madre; y no se equivocan.[8] Pero a los leones les gusta estar a cargo de las cosas y ejercer el control debido a una razón específica: *están convencidos de que la vida es una serie de problemas que ellos tienen que resolver o desafíos que necesitan enfrentar.*

A menudo, este poderoso deseo de llevar a cabo cosas significa que pueden hacer lo aparentemente imposible de hacer. Es más, la manera más sencilla de motivar a los leones es diciéndoles que la tarea no se puede realizar; luego apartarse y observar cómo la realizan.

¿Qué significa esta fortaleza cuando se la aplica en el entorno del hogar? Primero, la mayoría de los leones necesita aprender desesperadamente que relajarse no es un delito grave. Cuando están en casa, les cuesta muchísimo descansar. Así que, por lo general, se dedican a algún pasatiempo muy exigente o a algún proyecto desafiante. Y si no tienen ningún proyecto a mano, deciden tomar a sus cónyuges o hijos como "proyectos" y comienzan a tratar de cambiarlos o "motivarlos".

Una joven le dijo a su padre: "Papá, cada vez que me hablas, siento como si estuvieras tratando de cambiarme u obligándome a convertirme en alguien que no soy. ¿Cuándo podremos hablar sin que me estés dando instrucciones todo el tiempo?"

Para la mayoría de los leones, ¡hasta las vacaciones pueden convertirse en algo contra lo que arremeter! Si van de vacaciones a las montañas, en vez de visitar uno o dos de los lugares de atracción, ellos desean trepar cada sendero. Si van a la playa, desean hacer todo menos estar acostados tomando sol. ¿Por qué? Porque estar acostados bajo los rayos del sol no *logra* nada.

Este impulso interior de llevar a cabo tareas puede ayudar a que los leones alcancen grandes objetivos. Sin embargo, cuando llevada a un extremo, esta fortaleza puede hacer que los *proyectos* tengan mayor preponderancia que las *personas*. Se establecen así las bases para una adicción al trabajo.

3. ¡El marco temporal del león es ahora mismo!

Para el león común y corriente, el tomar la delantera para conquistar proyectos o superar problemas no es suficiente: los tiene que conquistar *ahora mismo*.

Si trabajan para una jefa que es un león, ella es capaz de acercarse a su escritorio, darles un proyecto y decirles: "Deseo que hagan esto ya mismo".

—Pero, jefa —podrían decirle—, usted me acaba de dar otro proyecto diferente.

—Lo sé, —les respondería—, pero eso ocurrió hace veinte minutos atrás. ¡Yo deseo que se ocupe de esto *ahora mismo*!

Si transportamos esta característica al hogar, la cena tiene que estar lista *ya*. Me tienen que cambiar los pañales *ahora mismo*. Denme el control remoto o cambien de canal *en este momento*. Tienes que dejar de llorar, aceptar mi consejo y crecer *hoy mismo*.

¿Qué perciben las demás personas cuando ven esa orientación natural de urgencia de los leones? Por lo general lo que ven es una estricta intensidad. A veces, los leones trabajan (o tan sólo piensan) con tanta intensidad en un proyecto, que los demás creen que se han vuelto locos, aun cuando no sea así.

El león común puede irradiar tanta intensidad que, como veremos más adelante, los golden retrievers y las nutrias aprenden que es mejor no acercarse a ellos ni hacerles preguntas. Hasta evitan iniciar conversaciones importantes debido a las señales tácitas tan rígidas que puede transmitir el león.

A veces, los leones utilizan este intenso nivel no verbal como un escudo que los protege de las preguntas o interrupciones "tontas". Sin embargo, si no prestan atención, el uso de esa intensidad natural para obtener un "espacio" emocional puede aislarlos de los demás o, lo que es peor aún, hacer que los demás los resientan.

Hablando de resentimiento, conocemos a un león que formaba parte de la junta directiva de una iglesia, quien tomó una decisión *urgente* que afectó de manera importante a una cantidad de personas por mucho tiempo. Todo comenzó con uno de los mejores momentos que había experimentado el personal de la iglesia. Lamentablemente no terminó así. Ni siquiera la palabra *desastre* es suficiente para comunicar lo que ocurrió.

Por primera vez en la historia, el pastor principal, los cinco pastores adjuntos y todas sus esposas habían viajado a una ciudad vecina para pasar juntos el fin de semana. Durante los meses de preparación para este viaje, habían derivado el púlpito y todas las diferentes clases y responsabilidades de consejería a manos capaces. Por fin, le habían dado forma a la tan anticipada oportunidad de acercarse como amigos y socios en el ministerio: ¡y hasta tenían el fin de semana libre!

Incluso el viaje hasta el hotel había ayudado a unir a estos hombres y mujeres cuyos ministerios se habían convertido en algo así como seis islas individuales a lo largo de los años. A uno de los automóviles se le desinfló uno de sus neumáticos, lo cual exigió que todos ayudaran para que pudiera volver a la ruta. Otro de los automóviles (con la esposa del pastor principal) batió el record de la mayor cantidad de paradas en un viaje de cincuenta millas, ya que se detuvo en nueve tiendas de antigüedades por el camino.

Cuando todos finalmente llegaron, los estaba esperando una cena deliciosa y un precioso rato de adoración en una de las habitaciones.

A la mañana siguiente, las cosas fueron de buenas a mejor. Después del desayuno, todos se congregaron para una emotiva reunión en la que los esposos y esposas compartieron sus sentimientos y frustraciones largamente reprimidos. Se ofrecieron y aceptaron disculpas; se solicitaron y dieron abrazos. El auténtico espíritu de amor y restauración que reinaba barrió con todos los malos entendidos, logrando que todos se sintieran, más que nunca, como un equipo.

Cuando volvieron a casa el domingo a la noche, estaban contentos y entusiasmados con sus diversos ministerios. Pero eso no tardaría en cambiar.

Los pastores no sabían que durante su ausencia, un verdadero león de pura cepa había andado suelto. Es más, el presidente del consejo de ancianos había redefinido la raza.

Este hombre había concurrido a un seminario de administración efectiva para su empresa el mismo viernes en que los pastores fueron al retiro. Muy impresionado por lo que había escuchado, podía imaginarse lo que pensaba que sería una magnífica práctica tanto para su negocio como para la iglesia. Por esa razón, sin dudarlo un minuto ni tampoco consultarlo, había decidido en su mente lo que se necesitaba hacer.

Mientras que los pastores estuvieron ausentes, convocó a todo el personal de mantenimiento, así como a varios de los estudiantes que "necesitaban trabajar". Luego se propuso hacer que la iglesia fuera más "efectiva" y "eficiente", comenzando por rediseñar las oficinas.

En términos prácticos, lo que esto significó es que cuando los seis pastores llegaron a la iglesia el lunes por la mañana, los aguardaba una sorpresa. Cuando pusieron la llave en el cerrojo y abrieron la puerta de su oficina, fue como si hubieran ingresado a: la Dimensión Desconocida.

Las llaves habían funcionado, y ellos estaban de pie junto a la puerta de la oficina correcta, pero ya no estaban mirando a sus propias oficinas. ¡Sin poder creerlo, sacudían la cabeza mientras miraban todos esos objetos desconocidos colocados en lo que solía ser su oficina! No sólo habían cambiado las oficinas, sino que también las secretarias. Varios pastores y las secretarias con las que habían trabajado durante cinco y seis años estaban ahora separados.

El presidente de la junta de ancianos jamás pensó en convocar una reunión para conversar sobre los cambios que deseaba realizar. No era un mal hombre. ¡Vio lo que pensó que era un problema, descubrió una solución en su seminario matutino, y esa misma tarde comenzó con la mudanza!

Sería bueno que los leones verificaran en qué medida involucran a sus seres queridos en las decisiones que los afecten a todos: es una parte importante del amor tierno. Sería también importante que estuvieran seguros de que su tendencia natural a hacer las cosas *en este mismo instante* no sacrificara un futuro sano en sus relaciones.

4. Los leones son resueltos.

Junto con su necesidad de liderar, controlar, lograr y hacer las cosas en este mismo instante, los leones toman decisiones generalmente rápidas: con o sin los datos necesarios para hacerlo y, a menudo, sin pedirle consejos a nadie.

En el hogar, suele ser magnífico tener a alguien presente que no tenga miedo de tomar decisiones, ni siquiera las que sean difíciles de tomar. Pero en algunos casos, esa tendencia natural a ser decididos y resueltos puede estar fuera de equilibrio.

Conocemos a una esposa cuya experiencia fue aún peor que lo que le ocurrió al personal de la iglesia. Carola y su esposo, Marcos, habían ahorrado por fin el dinero suficiente como para hacer el pago inicial para su primera casa. Para empezar, habían escogido una pequeña casa que le gustaba a ambos. Llegó luego el día en que tenían que reunirse en la oficina de la compañía de títulos de la propiedad para abonar el depósito y firmar los papeles.

Carola no cabía en su entusiasmo mientras esperaba que pasara la mañana y llegara la cita por la tarde. Había comenzado a juntar sus cosas para reunirse con Marcos en la oficina de la compañía de títulos de la propiedad cuando escuchó el claxon de un automóvil en la calle. Cuando miró por la ventana, no reconoció la brillante camioneta nueva que se encontraba en la entrada al garaje. Pero cuando salió, lo vio a Marcos sentado al volante de la misma.

—¿Dónde obtuviste esto? —le preguntó Carola estupefacta mientras se acercaba caminando hacia su sonriente esposo.

—Carola, —le dijo con ligereza, —sé que pensábamos utilizar todo ese dinero para la casa, ¡pero nunca te imaginarías qué clase de oferta conseguí para comprar esta camioneta!

Esa mañana, el esposo león de Carola había ido al banco a retirar el dinero para llevarlo a la compañía de títulos de la propiedad. Pero, camino a la casa, se había detenido en una agencia de automóviles de la zona para "tan sólo mirar". En unos pocos minutos (y con un poco de presión de un vendedor hambriento), había tomado la decisión de comprarse la camioneta en vez de la casa. Y, no hace falta decirlo, había tomado la decisión sin siquiera molestarse en consultar a su esposa.

Cuando ella le rogó que llevara la camioneta de regreso a la agencia, él le dijo: "Escucha, ya tomé mi decisión. No está sujeta a ninguna votación. Es final. Además, yo no estaba demasiado convencido con esa casa, y tú sabes que realmente necesitaba una nueva camioneta para el trabajo".

Marcos tenía una camioneta nueva, sin ningún rasguño ni abolladura. Pero lo que no sabía es que cuando se alejó manejando hacia el trabajo, dejaba el corazón de su esposa destrozado. Además, al no involucrarla en una decisión de semejante importancia, había arriesgado la destrucción total de su matrimonio.

Cuando están bajo presión, una de las mayores fortalezas de los leones es que pueden actuar de manera rápida y decidida. Necesitamos esa clase de líderes; hoy día hay muy pocos de ellos en nuestras iglesias y hogares. A veces, necesitamos personas que puedan avanzar en fe sin reunir primero todos los datos. Pero el liderazgo es más que ser fuerte y resuelto. No se necesita tener un título en insensibilidad para que alguien sea considerado un fuerte líder.

Animamos a los leones a que lean el último capítulo de este libro para que vean cómo el León de Judá equilibró su firmeza contundente con una comprensión misericordiosa y llena de ternura.

5. Los leones desean una comunicación abreviada.

Quizás, sea la actitud resuelta lo que hace que las conversaciones banales les produzcan náuseas a los leones. Una mujer que tenía mucho de león nos contó cuán frustrada estaba con su esposo que era un golden retriever.

"Cuando le preguntó cómo le fue durante el día, lo único que deseo es una versión breve de lo que ocurrió. ¡Pero cada vez que se lo pregunto, me cuenta todo el libro de *La guerra y la paz*!"

Esa misma frustración es la que sienten muchos leones hombres. Con frecuencia, las esposas tratan de hablar con su marido león sobre algunos temas menos "importantes" que el desarme nuclear o la manera de resolver el presupuesto federal. No consiguen siquiera llegar a la mitad de la oración, sin que su marido las interrumpa.

Quizás estén tratando de relatarle algo que le ocurrió a uno de los niños durante el día, o incluso a ellas mismas. Y lo que escuchan es: "Querida, ¿qué es lo que estamos tratando de *resolver* aquí?" O, si su esposo es verdaderamente insensible al impacto de sus palabras, quizás lleguen a escuchar algo como: "Cariño, no me molesta hablar contigo, pero la próxima vez, ¡te ruego que hablemos sobre algo importante!"

Para los leones, la comunicación significativa equivale, por lo general, a oraciones cortas, precisas. Esperan luego pasar a algo más importante que una simple charla: o sea, ir al ataque y "hacer" algo, en vez de conversar sobre ello. Su deseo natural de conversar de manera eficiente tiene que encontrar un equilibrio. Necesitan el tiempo necesario para generar una comunicación más tierna e íntima. Eso significa que tienen que escuchar con atención y aceptación, sin interrumpir con lecciones o soluciones severas.

6. A menudo, los leones se sienten desafiados por las preguntas.

Hace varios años, un hombre y su esposa fueron a una subasta con unos amigos. Afuera había varios cientos de personas esperando que se abrieran las puertas para ingresar a la subasta. La esposa necesitaba una mesa y sillas para la cocina. Tenía la esperanza de conseguir un juego de madera de roble o arce a buen precio.

Cuando se abrieron por fin las puertas, la gente se abalanzó para ingresar al pabellón y la mujer y sus amigos quedaron separados del esposo. Después de tratar de encontrarlo, decidieron por fin tomar asiento y observar algunas de las ofertas.

Al poco tiempo, la multitud comenzó a hacer ofertas por muebles, y uno de los primeros artículos en salir a la venta fue un juego de mesa y sillas de cocina color verde, todo destartalado. Cubierto de un revestimiento vinílico color arveja, con patas marcadas por el óxido, no cabían dudas de que sus mejores días habían quedado atrás. Sin embargo, ocurrió algo muy extraño.

El precio comenzó a subir y subir mientras que dos hombres que la mujer no podía ver comenzaron una guerra de ofertas por este juego de cocina prácticamente inservible.

Cuando se hizo la oferta final y cayó el martillo del subastador, la mujer se inclinó hacia delante y le dijo a sus amigos: "¡No puedo creer que alguien haya pagado semejante precio por esa basura!"

En ese mismo instante, el hombre que acababa de comprar la monstruosidad color verde se puso de pie y, lo han adivinado, ¡era el esposo de la mujer!

—Enrique, —le dijo la esposa cuando finalmente se acercó a él—, ¡ése es el juego de cocina más horrible que he visto en mi vida! ¿Por qué lo compraste sin consultarme? Yo quería una mesa de *madera*, no de vinilo. ¿En qué estabas pensando?

De inmediato, el esposo se puso a la defensiva. La única respuesta que le dio a su esposa fue: "Tú necesitaban una mesa y sillas. Yo te las compré, ¡punto final!"

Cuando le hacemos una pregunta a un león fuera de equilibrio, ella puede ser interpretada como un cuestionamiento, no como un pedido razonable de información. Desafortunadamente, muchos leones se casan con personas a quienes Dios les ha dado la inclinación natural de hacer preguntas: nuestros amigos golden retrievers y castores.

Cuando le negamos a esas personas el derecho de hacer preguntas, los endurecemos: su espíritu se cierra, así como también la puerta a toda relación significativa.[9] Los leones tienen que tranquilizarse lo suficiente como para observar todos los aspectos de un asunto. Tienen que darse cuenta, además, que crear un hogar amoroso es más importante que exigir la lealtad de todos. Por último, ellos tendrían que estar seguros de no interpretar la profunda necesidad de un castor o de un golden retriever de aclaración de un tema como un desafío a su autoridad.

7. *Los leones no temen las presiones ni confrontaciones.*

Como ya se habrán dado cuenta, los leones, en su búsqueda de desafíos y logros, decisiones rápidas y comunicaciones instantáneas, pueden poner mucha presión sobre ellos mismos y los demás. Y, mientras que algunas personas (como los castores y golden retrievers) se sienten muy incómodas cuando presionadas, los leones prosperan bajo tensión.

Un amigo león, propietario de una empresa de bastante envergadura, nos confesó: "Cuando las cosas van bien en la oficina, me aburro. De hecho, ¡el personal me ha acusado a menudo de romper cosas para poder luego arreglarlas!"

Cuando colocamos su tendencia a presionar a la gente junto con la falta natural de miedo a las confrontaciones vemos que, *a menos que presten atención, los leones pueden endurecerse tanto que lastiman a los demás sin siquiera darse cuenta de ello.*

Una vez aconsejamos a una pareja en la que el marido, un fuerte león, estaba acostumbrado a rugir a todos en el trabajo y en el hogar, saliéndose siempre con la suya. Era extremamente adinerado y tenía su propia empresa, de modo que ninguno de sus empleados se atrevía a cuestionar sus tácticas de presión. Con tres golden retrievers en casa (su esposa y dos niños pequeños), nadie estaba dispuesto a enfrentarlo allí tampoco.

En nuestra primera sesión, cuando vimos la manera en que trataba a su esposa, nos dimos cuenta de inmediato de que era un león fuera de equilibrio. Ganaba muchísimo dinero, pero le daba a su esposa tan poco dinero por mes que ni le alcanzaba para ir a la tienda de comestibles. Y, en vez de ser un estímulo para su esposa o sus hijos, los aterrorizaba con sus duras palabras y actitudes.

En lo profundo de su ser, este hombre amaba a su familia, pero no sabía cómo demostrarlo. Y eso no debería sorprendernos. Provenía de un hogar donde su propio padre utilizaba temor e intimidación todos los días. Él estaba simplemente pasando a su familia el dolor que había experimentado como niño.

Después de escuchar durante una hora la historia de sus antecedentes y las inquietudes de su esposa, yo (John) hice el comentario de que la manera principal en la que él se comunicaba era mediante la intimidación.

De inmediato, él se puso de pie, tomó el borde de la mesa, y se inclinó hacia mí.

—¡Mi objetivo no es intimidar a nadie! —me gritó, mirándome con veneno en sus ojos—. De todas maneras, ¿qué puede saber usted? No es más que un *niño*.

Yo tengo una apariencia juvenil, y no era la primera vez que escuchaba semejante comentario. Como consejero capacitado, sabía qué importante era que permaneciera calmo y pasara por alto esas observaciones. Pero algo ocurrió en el consultorio que nunca había ocurrido antes ni nunca ocurrió después.

En los meses después del altercado, he examinado mi corazón para verificar si lo que hice estuvo mal. Pero en este caso, aún hoy siento que Dios me estaba dando la fortaleza de un león para manejar lo que estaba ocurriendo delante de mí.

Sin siquiera pensarlo, me puse de pie, me así del borde de la mesa, y me incliné hacia *él*.

—Su objetivo *es* intimidar a la gente, —le dije con firmeza—. Y el problema es que siempre le ha dado buenos resultados. Todos le tienen tanto miedo que no le dicen nada ni tampoco le indican que lo que hace está mal.

—¿No me diga? —me respondió con una voz llena de sarcasmo.

—Así es, —le dije con aún mayor firmeza en la voz, mirándolo a los ojos—. Ahora le pido que me escuche bien. Usted está matando a su familia con sus palabras y su enojo. Es posible que la intimidación le haya dado buenos resultados durante mucho tiempo y haya evitado que los demás lo confronten, pero es algo que no va a funcionar aquí.

—¡Acaso piensa usted que me puede hablar de esa manera! —rugió, apretando los puños, poniéndose de pie, y echándose hacia atrás como para tomar impulso y pegarme.

Antes de comenzar mi vida cristiana, yo había peleado bastante, así que me daba cuenta de que las cosas aquí iban en serio. Él no estaba simplemente enojado: estaba furioso. Bajé las manos de la mesa, aprontándome para la pelea que sabía que venía. En ese momento, estaba convencido de que íbamos a comenzar a pelear allí mismo en el consultorio, y estaba listo. Gary nos miraba con ojos de espanto y la boca abierta.

Durante unos pocos segundos (que parecieron horas), reinó un silencio absoluto en la habitación. Mantuvimos fija la mirada en el otro, negándonos a sacar la mirada y sabiendo lo que un solo movimiento hacia la otra persona significaría. Se podía cortar el ambiente tenso con un cuchillo. La esposa de este hombre y Gary estaban paralizados de terror, no sabiendo si nos agarraríamos a los golpes.

Por fin, el hombre largó una fuerte carcajada, aflojó sus puños y se sentó.

—John, —me dijo con una sonrisa y voz calma—, ¡nadie me había hablado de esa manera en años!

—Sabe que tiene razón, —continuó diciendo, con una voz mucho más suave que antes—. Toda mi vida he sido un bravucón. Es probable que la única manera en que sepa relacionarme con los demás sea enojándome.

La tensión había comenzado a aflojarse en la habitación. Gary y la esposa de este hombre estaban comenzando a respirar nuevamente. De repente, el hombre se inclinó hacia delante, señaló a su esposa con el dedo, y con voz amenazadora le dijo: "¿Por qué no puedes aprender a enfrentarme como lo hizo John? ¡Si lo hicieras, no nos encontraríamos en semejante embrollo!"

Sin embargo, no todo se perdió. Esa mañana lograron un gran adelanto en su relación. Este hombre se sentía muy cómodo bajo presión e incluso ante importantes enfrentamientos. Pero, por fin había aprendido que su dura fortaleza natural podía convertirse fácilmente en intimidación, aun cuando ésa no fuera su intención.

En estos casos, los leones pueden ser tan poderosos que ganan todas las batallas verbales pero terminan perdiendo la guerra y el premio del corazón de sus seres queridos.

Para repasar, hemos visto que por lo común son siete las características que afloran en la vida de los leones. Éstas son:
1. Los leones son líderes innatos.
2. A los leones les agrada llevar a cabo cosas con resultados inmediatos.
3. ¡El marco temporal del león es *ahora mismo*!
4. Los leones son resueltos.
5. Los leones desean una comunicación abreviada.
6. A menudo, los leones se sienten desafiados por las preguntas.
7. Los leones no temen las presiones ni confrontaciones.

Los leones pueden ser tan poderosos que ganan todas las batallas
verbales pero terminan perdiendo la guerra
por corazón de sus seres queridos.

El principal desafío de relación de los leones

El otro día, nosotros (John y Cindy) llevamos a nuestra hija Kari al zoológico local. Para tener una idea general de los animales que tenían, tomamos un tranvía que pasa por todas las exhibiciones. Por supuesto, la mayor cantidad de gente estaba agolpada junto al complejo habitacional de los leones.

La gente está fascinada con los leones, tanto los animales como los humanos. El problema es que cuando los leones rugen, asustan a los demás. Así que muchas personas prefieren no acercarse a ellos, ya que les parecen distantes, enojados, inalcanzables.

En medio de una guerra, necesitamos generales que nos puedan inspirar y liderar. Cuando se trata de situaciones de vida o muerte, los resultados y las acciones decididas (aunque impliquen firmeza y gritos) son más importantes que una relación sentimental.

Por desgracia, algunos leones fuera de equilibrio se olvidan de que sus hogares deberían ser remansos de paz, y algunos parecen incluso declararle la guerra a sus familiares. Ellos exigen una alianza indiscutible y esperan que los demás obedezcan sus órdenes sin chistar. Aparte, piensan que las preguntas indican una falta de lealtad y, en algunos casos, una razón para escaparse. Desean una comunicación precisa, expresada en pocas palabras, sin darse cuenta de que la verdadera realidad en un hogar es que la otra persona pueda alejarse sintiéndose amada y comprendida.

Lo que deseamos decir aquí es que es posible que una persona se convierta en un león sensible sin sacrificar las fortalezas naturales que le haya dado Dios. De hecho, hemos visto, vez tras vez, ejemplos de ello. Y hemos visto que, aun cuando la gente siga a un líder eficaz hasta un cierto punto, si éste los ama, estarán dispuestos a sacrificarlo todo por él.

Todo hogar, oficina e iglesia necesita las fortalezas de un león. Pero el León de Judá lideró de tal manera que sus fortalezas estrictas no sacrificaran su capacidad de amar incondicionalmente y aceptar a los demás (más adelante veremos más sobre esto).

El desafío de los leones es no sacar todas sus garras. En cambio, tienen que equilibrar sus fortalezas como leones con el amor del Cordero de Dios. Así podrán ver que comienzan a ocurrir cosas maravillosas en sus relaciones.

Hemos echado una mirada a la personalidad que se inclina hacia la firmeza. La segunda es la de nuestros amigos los castores, a quienes les gusta "ceñirse a todas las reglas". Son muchas sus virtudes, pero ellos también necesitan aprender a dar y recibir ambos aspectos del amor.

♌︎

CAPÍTULO CINCO

Cómo Descubrir las Fortalezas de un Castor

TRAS DAR UN PATINAZO, mi hermano mellizo y yo (John) detuvimos nuestras bicicletas frente a nuestra casa. Ambos miramos y vimos lo mismo. Allí estaban: unos ojos despiadados mirándonos directamente a los dos. Sin decir una sola palabra, sabíamos que estábamos en serios problemas: otra vez.

Como niño, odiaba vivir en una casa en la esquina. No era que nuestra casa no fuera linda. Pero el hecho de que estuviera en la esquina significaba que la luz de la calle estaba plantada justo en nuestro jardín.

La ley férrea era: "¡Tienen que estar en casa antes de que se encienda la luz de la calle". No podíamos esquivarnos. En la categoría de los firmes castores, mi abuelo hubiera figurado entre los primeros. Su vida consistía en obedecer las reglas. Lo único que tenía que hacer era mirar por la ventana y ver si habíamos llegado a casa a tiempo. Y, una vez más, no lo habíamos hecho.

Sé que para los padres hoy día, el tema de las palizas es a menudo controversial. Pero cuando yo era niño, ni siquiera se discutía. Mi abuelo había venido a ayudar a mi madre, que estaba sola, a criar sus tres hijos varones, y él creía firmemente en las palizas. Y, en su libro de reglas, llegar tarde a cenar era un delito que se castigaba con dos palmadas.

Mi abuelo compartía varias características de los castores. Estos tienden a ser reservados en sus relaciones, difícilmente abriendo su juego emocional. Son detallados, cautelosos y les gusta observar todos los aspectos de un tema.

Cuando niño, pensaba que su atención a las reglas y su reserva emocional eran debilidades y no virtudes. A menudo interpreté su tendencia a permanecer callado y pensativo como una actitud fría y distante. Pero al menos sabíamos exactamente donde estábamos parados, ya que sus acciones, emociones y actitudes eran muy predecibles.

Por esta razón, cuando me arrastré por el pasillo hacia la habitación del Abuelo, sabía exactamente lo que habría de ocurrir: dos palmadas en el trasero con la correa de su antigua navaja de rasurar. Lo que no sabía es que también tenía por delante uno de los momentos de mayor bendición de mi vida.

1. Los castores controlan mucho sus emociones.

Después de mi paliza, mi mamá me dijo que regresara por el pasillo para llamar a mi abuelo a cenar. A pesar de que no tenía demasiados deseos de hablar con él en ese momento, no deseaba tampoco arriesgarme a recibir otra paliza más, así que allí fui a su cuarto.

Muchos niños crecen llamando a su abuelo: "Abuelito", "Abu", "Papa", o algún otro sobrenombre cariñoso. Pero no nosotros. Existían reglas de respeto que debíamos observar en mi casa, y cuando nos dirigíamos a él, teníamos que llamarlo "Abuelo" o "Señor".

Además, también era un delito de dos palmadas ingresar a su habitación sin primero golpear educadamente la puerta, esperando fuera hasta que él nos diera permiso para entrar.

Yo estaba a punto de golpear la puerta, cuando me di cuenta de que estaba parcialmente entreabierta. Fue entonces cuando quebranté la regla fundamental y suavemente la abrí para mirar dentro de la habitación.

Lo que vi me sacudió. Mi abuelo, un hombre que rara vez demostraba sus emociones, estaba sentado en los pies de la cama, llorando. Yo me quedé parado junto a la puerta, confundido, sin saber qué decir. De repente, él levantó la mirada y me vio. Me quedé paralizado de miedo. No tenía idea de lo que ocurriría. Luego me comenzó a hablar.

—Ven aquí, John, —dijo, con una voz cargada de emociones.

Me acerqué a él, completamente seguro de que me iba a castigar por no haber golpeado la puerta antes de entrar. Pero en vez de castigarme, me tomó en sus brazos.

Mi abuelo me abrazó muy fuerte, y con lágrimas en sus ojos me dijo cuánto nos amaba a cada uno de nosotros y cuánto le dolía tener que castigarnos. Yo no tenía idea por qué siempre se quedaba en su habitación durante unos minutos después de habernos disciplinado. Ahora entendía el por qué. Él se quedaba solo; a veces llorando; siempre orando que nos convirtiéramos en la clase de hombres que Dios deseaba que fuéramos.

Sentándome en la cama junto a él y colocando sus grandes brazos alrededor de mí, me dijo: "John, lo que más deseo en esta vida es que cada uno de ustedes se convierta en un hombre de Dios. He hecho todo lo posible para ayudarlos a entender lo que es correcto y para animarlos a vivir la vida obedeciendo las reglas de Dios".

"Yo no estaré siempre aquí para recordárselos. Además, tú ya eres un jovencito. Espero que sepas cuánto te quiero, qué orgulloso me siento de ti, y cuanto oro por cada uno de ustedes, muchachos. Sé que tú siempre serás el hombre que Dios desea que seas durante toda tu vida".

No puedo explicarlo, pero cuando dejé su habitación aquella noche, ya no era el mismo que antes. Cuando lo pienso, esa noche me brindó un rito de iniciación de la niñez a la vida de un joven adulto. Durante años, el recuerdo de esa imagen clara del amor de mi abuelo me ayudó a darle forma a mis actitudes y acciones.

Unos pocos meses después, en aquella misma habitación, mi abuelo se murió de repente y sin aviso. Le agradezco a Dios que aquella noche no haya llegado a casa antes de que se encendieran las luces de la calle. Ahora sé que Dios me permitió experimentar un momento de bendición con el hombre más importante de mi niñez.

Como otras personas que encabezan la lista de la escala de los castores, mi abuelo era reservado, cauteloso y controlado en lo concerniente al despliegue de emociones y afecto. Era también moderado en sus elogios. Pero aquella noche, sentí que se levantaba un velo. Pude ver el lado tierno de su corazón de una manera nueva. En un acto espontáneo de emoción, por un momento dejó de lado sus respuestas estructuradas y sus sentimientos fuertemente oprimidos. Ello causó un enorme impacto en mi vida.

A los castores no les cuesta amar a los demás. Su compromiso con los que aman puede ser tan fuerte como el de nuestros leales amigos, los golden retrievers. Sin embargo, los castores suelen tener dificultad en comunicar ese aspecto cálido y tierno a los demás.

Si ustedes son un castor y se dan cuenta de que se mantienen distanciados de los demás, lean los capítulos 10 y 11 para saber cómo desarrollar una sana ternura. Pero por ahora, miremos varias de las otras características que describen a este importante miembro del zoológico familiar.

2. Los castores verdaderamente leen los libros con instrucciones.

Además de controlar de cerca sus emociones, las personas con un alto puntaje en la escala de los castores tienen algo más en común. Son los que leen cuidadosamente los manuales de instrucciones, en vez de tirarlos a la basura. Sin embargo, no todos los animales en el zoológico familiar tienen el mismo deseo de "obedecer las reglas", en especial, las nutrias.

Cindy y yo (John) habíamos estado hablando sobre la posibilidad de armar un columpio en el jardín para nuestra hija. Era un sábado temprano a la mañana, cuando Kari entró a los tropezones en la cocina para comer sus panqueques. En ese momento, hice un típico anuncio, súper optimista, propio de una nutria.

Los castores son los que leen cuidadosamente
los manuales de instrucciones, en vez de tirarlos a la basura.

—Cielito, hoy a la mañana, mamá y yo, no bien abra la tienda, te vamos a comprar un juego de columpios. ¡A la hora del almuerzo te estarás ya hamacando!

Cuando por fin terminé de armar los tres millones de tuercas, tornillos, juntas y arandelas voladoras, además de los estabilizadores horizontales que venían en la caja, era verdaderamente la hora del almuerzo. Por desgracia, ¡era la hora del almuerzo tres semanas después!

Como típica nutria, lo primero que yo había hecho después de abrir la caja había sido tirar las instrucciones. Después de todo, razoné, no es nada divertido leer instrucciones. Yo sabía que sería facilísimo armar el juego. Sin embargo, lo único que resultó fácil fue perder mi cordura mientras que golpeaba y taladraba agujeros nuevos que permitieran que las piezas, que obviamente tenían la forma y los agujeros equivocados, calzaran.

Antes de que Cindy le confiara la vida de nuestra hija a ese juego de columpios inusual que yo había creado, quedaba aún algo por hacer. Necesitaba sujetar el juego al piso, de modo que cuando varios niños comenzaran a hamacarse, no se cayera.

Sin embargo, una vez más, en vez de seguir las instrucciones y afianzar el juego al patio de cemento (como lo habría hecho cualquier buen castor), decidí algo más fácil y rápido. Compré cuatro estacas salomónicas para unirlas a cada una de las patas del juego de columpios. (Las estacas salomónicas son unas estacas largas, de metal, que tienen un tornillo gigante en uno de sus extremos.)

Con un esfuerzo hercúleo, inserté cada una de las cuatro estacas en el suelo y luego las uní al juego de columpios. Por fin había terminado, y Cindy le dio permiso a Kari para hamacarse. Ella se estaba hamacando feliz, ¡y mi creación aparentaba funcionar perfectamente! Fue entonces cuando decidí hacer algo divertido mientras que ella volaba por los aires.

En Arizona, si uno no tiene un sistema de rociadores en el jardín, no tiene césped. Pensando que sería divertido, me dirigí a la caja del sistema de rociadores para encenderlos por un rato.

Moví el interruptor y ¡el agua comenzó a salir a chorros! Pero no salía de los aspersores, sino que estaba brotando del suelo, ¡del lugar en donde había atornillado las estacas!

¿Acaso me había preocupado por investigar por dónde pasaban las tuberías de los rociadores antes de sujetar el juego de columpios? ¡Claro que no! ¿Habría revisado un *castor* para ver dónde estaban enterrados los tubos de plástico antes de clavar cuatro estacas largas de metal en el suelo? ¡Sí!

Kari escapó con vida de los géiseres que había creado, pero el juego de columpios no. Quedó tan estropeado que finalmente tuve que desarmarlo y llamar a un castor. Mi buen amigo Jim McGuire vino al día siguiente y me ayudó a volver a armarlo y a remendar el sistema de rociadores: correctamente.

¿Qué fue lo primero que solicitó? ¡Lo han adivinado! ¡Las instrucciones! Y, esta vez, como por arte de magia, pudimos lograr que Kari se estuviera hamacando a la hora del almuerzo: segura y seca.

Para los castores, la manera de reducir la tensión en el hogar y el trabajo es teniendo un manual con instrucciones. Desafortunadamente, la vida es a menudo impredecible, en especial, en el matrimonio y la crianza de los hijos. Gran parte de lo que ocurre en las relaciones no se encuentra en las páginas que los castores han memorizado. Por ejemplo, una madre castor planea el fin de semana para la familia hasta el último detalle. Pero si ella vive con leones y nutrias, las cosas pueden cambiar al último *minuto*, causándole una enorme frustración.

Hemos visto a castores en sesiones de consejería tan firmes como cualquier león, pero por razones diferentes. No están tratando de ganar por la emoción de la victoria. En cambio, son estrictos con los asuntos, y a menudo con la gente, porque están sumamente comprometidos a realizar lo que ellos piensan que es lo correcto.

La fortaleza natural de los castores de realizar las cosas de manera correcta los convierte en los expertos en el control de la calidad en el hogar. Cuando esto mantiene su equilibrio, puede convertirlos en una muy valiosa contribución a la familia.

3. A los castores les agrada tomar decisiones cuidadosas.

Era la víspera de Navidad, y yo (Gary) estaba regresando a casa cuando vi las banderas flameando y los carteles recién pintados que anunciaban que acababa de inaugurarse un nuevo complejo edilicio de condominios (pequeñas casas con patio). Las palabras "Venta inmediata" y "Reducciones de precios" captaron mi atención de nutria. Me salí del camino y me dirigí a la oficina de ventas.

Después de todo, pensé, habíamos estado en la misma casa durante nueve años. Cuando niño, nos mudábamos una vez al año. Ahora, con mis hijos ya crecidos, no necesitábamos tanto espacio como antes. Hacía rato que necesitábamos cambiar de dirección, y quizás un condominio era exactamente lo que necesitábamos.

Era sin duda lo que la vendedora pensaba que necesitábamos. Me hizo una oferta que estaba seguro de que Norma no podría rechazar: hasta que hablé con ella sobre el asunto.

Sin embargo, lo que ella me dijo con su voz dulce y paciente fue: "Gary, hemos hablado de mudarnos, pero no a un condominio. ¿Qué ocurriría si Kari decide mudarse a casa en vez de vivir en los dormitorios de la universidad? ¿Y si Greg decide regresar a casa para terminar la facultad en vez de quedarse en Oklahoma?"

—¡Ja, ja! —le contesté—. Ni lo pienses. Los chicos están perfectamente contentos allí donde están, y yo también lo estaría si pudiéramos obtener este condominio.

Norma es una verdadera mezcla de personalidades. Ella tiene muchas características de golden retriever, de las cuales hablaremos más adelante. Pero además tiene muchas características de castor. Supongo que eso la convierte en un retriever-castor.

De acuerdo con su estilo sistemático, los instintos naturales de Norma como castor le indicaban que éste no era ni el lugar ni el momento para mudarnos. Todavía reinaba mucha incertidumbre sobre el lugar donde escogerían vivir los chicos como para mudarnos de una casa mediana de cuatro dormitorios a una casa pequeña de tres.

Los castores tienen la virtud de pensar seriamente en todos los aspectos del asunto en cuestión. Por lo general, ellos tienen excelentes instintos cuando se trata de tomar una decisión, y no temen decir que no. Pero tienen una debilidad: a veces permiten que el entusiasmo de los demás los convenzan de hacer lo contrario a sus planes bien premeditados.

Durante las semanas siguientes, llevé a los chicos a ver el nuevo condominio que tanto "necesitábamos". Era luminoso y estaba recién pintado, y pronto su entusiasmo y el mío comenzaron a influir sobre Norma.

Por fin, en su deseo de complacernos a todos, ella dejó de lado sus argumentos y todos estuvimos de acuerdo en mudarnos al nuevo hogar. Pero aún así, me dijo: "Gary, creo que lo vamos a lamentar. Esta casa es demasiado pequeña, ¡nos vamos a arrepentir!"

Por supuesto, todo resultó tal como lo había predicho Norma. Durante las primeras semanas, la casa nueva nos calzó a Norma, Michael y yo como un guante. Pero a los tres meses, necesitábamos añadir dos dedos más al guante. Inesperadamente, agregamos dos hijos más y teníamos la mitad del espacio que antes.

¿Quién hubiera dicho que justo antes de graduarse, Kari decidiría mudarse de nuevo a casa? ¿Y quién podría haber anticipado que Greg decidiría dejar la Universidad de Oklahoma para mudarse a casa para terminar aquí sus estudios? Mi esposa, el castor, lo había hecho.

Yo había utilizado todo mi talento de nutria para persuadir a Norma (hablaremos más de ello en el capítulo 6). La convencí de tomar una decisión contraria a su sentido común. Y, una vez más, me di cuenta de que me había equivocado.

A los leones a cargo de todo y las ajetreadas nutrias, los castores les pueden parecer lentos y demasiado cautelosos. Sin embargo, una de las mayores virtudes que pueden aportar estos al hogar es su capacidad de interceptar problemas diciéndole que no a las malas decisiones como la que yo acababa de tomar.

Por fin escuché las palabras de cautela de Norma. Por desgracia, ya habíamos comprado la casa. Y después de dos años de soportar la falta de espacio, nos mudamos finalmente a una casa más grande, como la que solíamos tener anteriormente, solo que más costosa.

A veces, ocurre que los castores son tan cautelosos que no saben aprovechar una oportunidad instantánea. Un esposo castor que conocemos podría haber comprado de su socio un

Cadillac convertible de 1940, en perfectas condiciones, por tan sólo $2,000; el automóvil terminó vendiéndose en una subasta por diez veces más. Pero en un 99 por ciento de los casos, la capacidad del castor de tomar decisiones cuidadosas, consideradas y correctas es una gran virtud.

4. A los castores les agrada utilizar su talento crítico para resolver problemas.

La firme capacidad de mirar los asuntos con ojo crítico puede ser enormemente valiosa para resolver problemas. Durante la Segunda Guerra Mundial, mi "tía Dovie" (tía de John) lo demostró de manera evidente.

En la guerra encarnizada en Europa y el Pacífico teníamos muchos héroes en los frentes de batalla, pero existían muchos héroes en casa que nunca obtuvieron ninguna medalla ni fueron al exterior. Eran los hombres y mujeres que se arremangaron la camisa y fueron a trabajar en las fábricas de defensa que brotaron por todo el país para apoyar los esfuerzos de la guerra.

Mi tía Dovie estaba entre ellos. Apenas mide cinco pies de altura y probablemente pese un poquito más de noventa libras. Sin embargo, su capacidad como castor de desbaratar las cosas fue lo que la ayudó a seguirle la pista a un "saboteador nazi" en la fábrica de defensa donde trabajaba.

En la División Allison de General Motors, en Indianápolis, se fabricaban motores para el avión de combate P-51: uno de los aviones de combate más poderoso que hayan provisto los Estados Unidos para sus pilotos de guerra. Los pistones de esos motores estaban recubiertos con plata. En 1944, este metal estaba racionado y era costosísimo. Mi tía era supervisora en una sección del departamento de embalaje.

Cuando los pistones salían de la cadena de fabricación, iban a la sección de embalaje, donde los sumergían en aceite, luego los sellaban con calor en un envoltorio de plástico muy resistente. Por último, los empaquetaban de a seis en una caja de cartón prenumerada que era enviada al extranjero a las zonas de combate. Como la supervisora de esa área, mi tía Dovie era la última en controlar los pistones antes de que fueran despachados. Ésa es la razón por la cual ella fue una de las primeras en ser informada sobre un grave problema.

¡Cuando llegaban las cajas de pistones al extranjero y las abrían, el enchapado de plata estaba lleno de pequeños agujeros!

El Departamento de Guerra no perdió tiempo en avisar a Allison, y rápidamente comenzó a correr la voz por toda la planta. Los rumores corrieron de un operador mecánico a otro. Los capataces y supervisores comenzaron a aglomerarse para conversar de manera sombría. "Hay pequeños agujeros en el enchapado de plata de nuestros pistones. Los ingenieros han retirado de circulación los metales de Detroit. Las personas encargadas del control de calidad mantienen un control estricto en el departamento de enchapado, sin embargo ¡siguen apareciendo agujeros! Tiene que haber alguien: un saboteador, que tenga acceso a los pistones en algún punto del proceso".

¿Podría ser que alguien estuviera salpicando ácido sobre los pistones en la cadena de fabricación? O, peor aún ¿en el área final de embalaje? ¿Podría ser que hacer circular las noticias en la fábrica fuera suficiente para hacer salir al culpable o, por lo menos, para lograr que el saboteador no siguiera entrometiéndose con la mercadería por temor a que lo descubrieran?

Fue entonces cuando la mente de castor de mi tía Dovie entró a funcionar. Colocaron hombres especializados en seguirles la pista a delincuentes en toda la planta. ¡Pero nunca desestimemos el poder de un castor cuando éste comienza a desmantelar un problema!

Ya que mi tía era tanto una supervisora como un castor, ya

conocía cada uno de los pasos de cada tarea involucrada en la inspección y carga de los pistones en las cajas de embalaje. Y en su determinación por encontrar al espía, se pasó horas y horas revisando cada lugar posible en la cadena de fabricación donde podría aplicarse el ácido. Gracias a sus métodos tan meticulosos, finalmente atrapó al autor del crimen; o, al menos, lo sacó a la luz.

Era la hora del almuerzo, y la sala de descanso de la fábrica estaba repleta de gente. Mi tía Dovie estaba parada en la hilera de una de las máquinas expendedoras de refrigerios. De repente, todas sus observaciones cuidadosas de cada una de las personas de su departamento dieron fruto. Vio al saboteador. Justo delante de ella se encontraba un culpable del que nunca hubiera sospechado. *¡Tiene que ser!* Pensó. *¡Es tan obvio!* Se maravilló de no haberse dado cuenta antes.

Después del descanso, observó cuidadosamente como regresaban a trabajar cada una de las personas que habían estado paradas en la hilera con ella. Allí se confirmaron todas sus sospechas. Sin ninguna duda, había encontrado al traidor.

Porque, el "espía nazi" que había estado marcando el enchapado de plata no había estado utilizando ácido, ¡sino sal! El culpable no era otro que: ¡la máquina expendedora de maníes!

Los trabajadores comían un puñado de maníes, luego volvían directamente a su trabajo sin lavarse las manos. La sal que permanecía en sus manos estaba carcomiendo el blando enchapado de plata mientras que los pistones viajaban al extranjero. Y tuvo que ser un castor el que se diera cuenta de que algo tan pequeño y aparentemente insignificante como los maníes salados fuera en realidad *lo* que estaba causando un problema tan grande.

Los castores son muy detallistas. Les encanta leer mapas y trazar diagramas. El único problema es que así como les gusta desmenuzar todo, poseen también la virtud de desmenuzar a las *personas* con las que están molestos.

Si nos aprecian y respetan, pueden llegar a ser tan leales como los golden retrievers. Sin embargo, si no están contentos con nosotros, pueden utilizar su perfeccionismo para convertirse en críticos agudos y penetrantes.

Como los leones, los castores pueden comunicar un nivel interior intenso. Lo que es más, ellos también tienden a mantenerse emocionalmente distantes de los demás, erigiendo una barrera que, aunque invisible, se puede detectar. Y, a pesar de que no suelen ser tan verbales como los leones, sus posturas pueden ser igualmente estrictas, ateniéndose con firmeza a aquello que consideran correcto.

¿De dónde sacan la inspiración para hacer todo de manera tan prolija y reglamentada? De su profundo desprecio a las equivocaciones y su deseo de realizar las cosas bien.

5. El lema que rige la vida de los castores es: "Realicemos todo correctamente".

"Si vale la pena hacerlo, vale la pena hacerlo bien". ¿Se rigen ustedes por este proverbio popular? ¿Acaso guardan sus calcetines perfectamente enrollados y colocados ordenadamente según sus colores, en vez de simplemente tirarlos dentro del cajón? ¿Está su armario tan bien organizado que se puede encontrar todo lo necesario para vestirse aun en la oscuridad?

Si es así, es probable que ustedes tengan un puntaje bastante alto en la escala de los castores. Para un castor, hacer las cosas bien, con precisión y exactitud, es muy importante.

Nosotros les hemos tomado nuestro test de personalidad a miles de personas por todo el país. En cada grupo, los miembros de una profesión en particular siempre tienen un puntaje alto en la escala de los castores. ¿Quiénes son? Los cirujanos. Por supuesto, esto tiene sentido. ¡No hay duda de que preferimos que nos opere un cirujano castor que se preocupe de que todo se realice correctamente, que un cirujano nutria, a quien le guste divertirse y que esté más preocupado por pasar un momento entretenido en la sala de operaciones que de la operación en sí!

Esta virtud natural de detectar las cosas que estén equivocadas y corregirlas previene muchos errores importantes. No obstante, conocemos una madre que llevó esta fortaleza natural a tal extremo que cometió un error inmenso con su hijo.

—Hijo, te queremos y extrañamos mucho, —dijo la voz por teléfono.

—Gracias, Papá. Yo también los extraño, —dijo Rogelio.

—Hijo, te puedo pedir un favor más. ¿Podrías tomarte un momento para escribirle a tu madre? Sé que la animaría mucho.

El padre de Rogelio no quería empujarlo a nada. Sabía que cuando su hijo se había ido para concurrir a la universidad en otro estado, solía escribir a su madre con regularidad. Ella estaba verdaderamente interesada en saber cómo iba todo en su vida y sus estudios, y él se daba cuenta de que ella disfrutaba las cartas de su hijo. Pero luego, esas misivas comenzaron a espaciarse y eran cada vez menos frecuentes, hasta que dejaron de llegar.

La madre de Rogelio no se había dado cuenta de que estaba haciendo algo que cerraba el espíritu de su hijo y bloqueaba su deseo de escribirle. Nunca hubiera soñado que una característica común de los castores estaba afectando tanto a su hijo.

Antes de que Rogelio volviera a hablar, hubo una larga pausa del otro lado del teléfono. Con emoción en su voz, le dijo a su padre: "Papá, yo no le voy a volver a escribir a Mamá nunca jamás. Si ella desea hablar conmigo, que me llame por teléfono".

—Pero, ¿por qué? —le preguntó su padre, obviamente confuso.

Con un profundo suspiro, Rogelio le dijo: "Porque estoy cansado de enviarle cartas para luego recibirlas de regreso con las faltas de ortografía corregidas. Ya bastante tengo con todas las personas aquí en la universidad que corrigen mis escritos. Realmente no necesito sentirme como un fracasado cada vez que le escribo una carta".

La madre de Rogelio amaba profundamente a su hijo. Pero su tendencia como castor de corregir todo y ser estricta aun con los errores pequeños significaba que si había alguna clase de error en una carta, ella *tenía* que mencionarlo. Para ella, sólo se trataba de corregir las equivocaciones. Pero para su hijo sensible, un golden retriever, cada corrección en rojo, tachaba sus deseos de ser amado y aceptado, y no tan sólo los errores de ortografía sobre el papel.

Todas las empresas y familias necesitan un castor. Pero, como los leones, los castores pueden verse tan involucrados en los resultados de un proyecto que no alcanzan a ver cuán drásticamente afectan a aquellos que trabajan o viven con ellos. Los castores necesitan estar seguros de que los detalles de un proyecto o de una carta no se conviertan en algo tan importante que los lleve a perderse el mensaje o la persona que se encuentran tras ellos. Sin darse cuenta, a veces se comunican con demasiada dureza. Sin embargo, el peor daño que realizan a menudo los castores se lo ocasionan a ellos mismos.

6. Los castores tienden a volcar su enojo hacia su interior.

De todos los animales del zoológico familiar, los castores son los que más se inclinan a la depresión y los problemas físicos asociados a la misma. ¿Por qué? La razón se encuentra en el significado mismo de la depresión: ira volcada hacia nuestro interior.

Mientras que los leones rugen cuando están enojados y las nutrias atacan verbalmente a los demás, los castores tienden a volcar la ira hacia ellos mismos. ¿Qué es lo que generalmente los enoja? Cometer errores.

Daniel tenía apenas nueve años cuando sus padres notaron un grave problema que los sorprendió a la luz de los intensos instintos de castor que había exhibido desde muy pequeño. Mientras que los demás niños de la familia tiraban su ropa y zapatos en el armario, los zapatos de Daniel estaban siempre perfectamente alineados y sus pequeñas perchas colgaban en prolijas hileras. Cada noche, se cepillaba cuidadosamente los dientes, mientras que su hermano nutria apenas pasaba su cepillo de dientes por debajo de la canilla para que su madre pensara que ya se había cepillado.

Cuando comenzó la escuela, Daniel siempre se sacó muy buenas notas en sus tareas y, en especial, en conducta. Claro que todo eso fue hasta que llegó a cuarto grado.

Apenas unos pocos meses después de haber comenzado el ciclo escolar, Daniel comenzó a tener problemas en el colegio. Comenzó a alejarse de sus amigos y a dejar fuera a los miembros de su familia. Se sentaba durante horas en su habitación con la puerta cerrada, obviamente estudiando. Pero, sin embargo, no se estaba sacando buenas notas y su actitud hacia la escuela era cada vez peor. Luego comenzó a simular estar enfermo para no tener que ir a clase. Y todo esto provenía de un niño que, en el pasado, había tenido una asistencia perfecta.

¿Qué podría haber traído tales cambios en sólo unos pocos meses? Daniel se había topado con algo con lo que ningún castor puede vivir durante algún tiempo sin demostrar efectos negativos.

El Sr. Ryan, el maestro de Daniel, era del agrado de la mayoría de los padres y niños. Había practicado fútbol profesional durante un año y creía firmemente en la importancia de desafiar a sus alumnos para que se destacaran en los deportes y en el aula. Pero había un problema. Lo que motivaba a los demás alumnos, lo estaba matando emocionalmente a Daniel.

Como ya hemos mencionado, a los castores les agrada tener

direcciones claras y poder hacer preguntas para recabar información. Pero existe algo más que necesitan: para poder realizar su
mejor tarea, ellos necesitan sentirse muy apoyados y encontrarse
en un *ambiente libre de críticas*.

La manera en que el Sr. Ryan desafiaba a sus alumnos era
enfrentándolos. Sabía que Daniel era uno de los mejores alumnos. De modo que, para motivarlo, lo vigilaba constantemente
en el aula, empujándolo a que hiciera su mayor esfuerzo. Tomaba
los errores que cometían Daniel y otros alumnos y los exponía
en frente de todos.

A pesar de que el maestro siempre se sonreía cuando lo desafiaba a Daniel, este joven castor tímido no veía ninguna diversión en los métodos de su maestro. Lo único que sentía era una
increíble presión para ser perfecto y así evitar que lo humillaran
delante de sus compañeros.

*Es importante que comprendamos que tanto los castores como los
golden retrievers reducen la velocidad cuando están bajo presión.* De
hecho, el aumentar la presión que se ejerce sobre la mayoría de
los castores es como reducir la entrada de gas al calentador cuando se desea agua caliente.

A medida que aumentaba el temor de Daniel de fracasar, comenzó a realizar las cosas más despacio para evitar equivocarse.
Como resultado, su maestro lo empujaba cada vez más: "Vamos,
Daniel", le decía mientras le entregaba una nueva tarea para realizar en clase. "Eres inteligente. Tú puedes terminar esto en veinte minutos".

Si lo hubieran dejado solo, o mejor aún, con suave estímulo y
la libertad de hacer preguntas, Daniel *podría* haber terminado
todo en diez minutos. Pero cuando se veía enfrentado a desafíos
en voz alta y al temor constante de que le señalaran sus errores
en frente de toda la clase, ¡necesitaba veinte minutos para tan
sólo leer las instrucciones!

"No entiendo qué es lo que tengo que hacer para incentivar a su hijo", le dijo el Sr. Ryan a los padres de Daniel en su primera conferencia entre padres y maestros. Esa frase era un eufemismo. A pesar de que él estaba convencido de que el problema yacía en Daniel, en realidad era un reflejo de su falta de comprensión de cuál era el mejor método para motivar a un niño castor.

Los castores necesitan aprender que está bien fracasar
y que es saludable pedir ayuda cuando uno está en problemas.

Daniel necesitaba la tranquilidad y la confianza que le habían brindado sus maestros anteriores. Cuando no las obtuvo, no pidió la ayuda de Mamá y Papá que cualquier niño nutria hubiera solicitado. Tampoco se dio vuelta y luchó como un león. Se sentía demasiado intimidado como para expresar el dolor y frustración que sentía con su maestro. ¿Qué le restaba por hacer?

La única persona segura a quien atacar era él mismo. Y en el breve espacio de un semestre se había atacado tantas veces que su autoconfianza estaba destruida. Como alumno con promedio perfecto, ahora estaba convencido de que era un tonto y un fracasado. Iba caminando derecho hacia una depresión.

Los padres de los niños castores necesitan estar seguros de elogiar e incentivar tanto el carácter de sus hijos como sus logros. Necesitan proteger además el carácter de los niños. Eso lo pueden logran quitando presión de sus hijos para que ellos no sientan que sólo vale la pena vivir si se sacan un diez absoluto en todas las pruebas.

Los castores necesitan aprender que está bien fracasar y que es saludable pedir ayuda cuando están en problemas. Además, si hay otras personas en el hogar (especialmente nutrias o leones), los castores necesitan cuidarse de no pensar que todos van a percibir los mismos problemas o de la misma manera en que los perciben ellos.

Por ejemplo, que la cerca de[...] tenga uno de sus listones rotos pu[...] castor. Después de todo, alguien pu[...] sería aún peor, entrar a robar. Pero la i.[...] ser detallistas, ¡tendrían que ver caerse[...] cerca antes de percibir que está rota!

Por último, los padres que son castores nec[...] hijos cuyos temperamentos naturales tiendan a [...] *ción* llena de calcetines en vez de un solo cajón. [...] decir que los padres no deban encomendarles tareas a su[...]jos, inspeccionar sus habitaciones y esperar que aprendan a ser responsables.[10] Pero dado que la mayoría de los niños requieren entre doscientos y trescientos recordatorios antes de finalmente convertir una tarea en una costumbre, es importante que los padres castores permitan que sus hijos fracasen sin considerarse por ello como un fracaso como padres.

Afortunadamente, la historia de Daniel tuvo un final feliz. El Sr. Ryan estuvo dispuesto a aprender como participante y tuvo también la sabiduría de aprender como maestro. Después de su charla con los padres de Daniel, entendió qué es lo que Daniel necesitaba para poder sobresalir. El Sr. Ryan disminuyó su empuje y aumentó su apoyo: más estímulo, más detalles sobre cómo realizar las tareas en el hogar o las actividades en clase, más abrazos espontáneos y nada de críticas en público.

Si tenemos en cuenta la sensibilidad interior de los castores a las críticas, podemos ayudarlos a que se sientan más exitosos en casa, la oficina y el aula de clase. Es necesario ser suaves con ellos, pero estrictos con sus problemas.

7. *Los castores tienden a concentrarse en el pasado.*

Como un castor bien organizado, Diana pasaba mucho tiempo planeando su vida futura. Y durante casi treinta años, todo resultó bastante bien, acorde a sus planes.

...a universidad que había escogido años antes y ...un joven maravilloso, como siempre lo había planea-... orraron suficiente dinero como para pagar el depósito ...icial para comprarse una casa, y luego, después de cuatro años de "sólo nosotros dos", tuvieron su primer hijo, el que nació un solo día después de la fecha del parto.

Como su madre, a Diana le resultó sencillo quedar embarazada y no tuvo problemas durante el embarazo: tal cual lo había anticipado. Pero luego le sucedió algo que suele atormentar mucho a los castores: lo *inesperado*.

Dos años después del nacimiento de su hijo varón, Diana decidió que había llegado el momento para que su pequeño hijo tuviera una hermanita. Pero cuando las semanas se convirtieron en meses y luego en años de probar y esperar, se tuvo que enfrentar por fin a la posibilidad de la infertilidad, lo cual sacudió su ordenado mundo, sacándolo de su sendero perfectamente planeado.

Diana hubiera tenido un puntaje alto como castor. Se sentía muy cómoda de seguir el mismo camino que habían emprendido sus padres. Pero ahora, por primera vez, sentía que había perdido su mapa. Trató, mes tras mes, de quedar embarazada. Por fin, desesperada, fue a ver a un especialista. Después de ello: las pruebas, las inyecciones, los medicamentos, las esperas y siempre las lágrimas.

El marco temporal principal de un castor es el pasado. Los castores desean una trayectoria. Les gusta saber cómo se hicieron las cosas antes. Y si funciona, permanecen con ello. Los castores tienden además a mirar hacia el pasado como la forma de explicar las situaciones o problemas presentes.

Diana se pasaba horas acostada sobre la cama, buscando algún pecado secreto del pasado que pudiera haber suscitado semejante calamidad personal. Cien veces al día se culpaba por no haber "comenzado a tener hijos cuando era más joven" o por "no saber" lo que no habría podido saber.

Atrapada en las garras del "Qué habría ocurrido si…", ya no tenía la libertad de disfrutar a su hijo o a su esposo David, quien la amaba profundamente. Aparte, ya no podía disfrutar tampoco de su relación con Dios.

Su esposo trataba de animarla, leyéndole versículos de la Biblia sobre la fe, como el que se encuentra en el libro de Hebreos: "La fe es la garantía de lo que se espera, la certeza de lo que no se ve".[11]

—Cariño, tienes que tener fe, —le decía—. Quedarás embarazada.

Para el esposo nutria, el imaginarse un futuro positivo era algo natural para él. (Hablaremos más de esto en el capítulo 6.) De todas maneras, el futuro era donde él pasaba la mayor parte de su tiempo. Pero casi por definición bíblica, la fe es algo más difícil para un castor.

La fe se concentra en el futuro. Como lo dice el libro de Hebreos, la fe es la certeza de lo que se espera. Implica dar el control absoluto de algo importante para nosotros a otra persona, y sentirnos bien de haberlo hecho. ¿Qué fue lo que ayudó a Diana a pasar esos tres años y medio de espera, mientras luchaba con su vida "fuera de control", hasta que llegó el momento en que Dios le trajo un hijo mediante adopción?

"Para ser honesta", dijo ella, "yo no podía mirar hacia el futuro y tener una actitud positiva como la de David. Pero podía mirar hacia el *pasado*, hacia los momentos en que Dios me había sido fiel y sacar fuerza de ello".

Cuando Diana pudo finalmente utilizar su inclinación como castor de mirar hacia el pasado como un aliado, y no como un enemigo para atacarse a sí misma, su fe tomó un giro positivo. Ella no podía fortalecer su fe presente tratando de convertirse en una visionaria como su esposo. En cambio, su fe se acrecentó cuando utilizó su virtud natural como historiadora para tener la seguridad de que Dios verdaderamente sabía cuál era la mejor dirección para su vida.

Hemos visto entonces los siete rasgos del carácter que constantemente aparecen en la vida de nuestros amigos los castores.

1. Los castores controlan mucho sus emociones.

2. Los castores verdaderamente leen los libros con instrucciones.

3. A los castores les agrada tomar decisiones cuidadosas.

4. A los castores les agrada utilizar su talento crítico para resolver problemas.

5. El lema que rige la vida de los castores es: "Realicemos todo correctamente".

6. Los castores tienden a volcar su enojo hacia su interior.

7. Los castores tienden a concentrarse en el pasado.

Estas siete características hacen que estas personas sean empleados, amigos y familiares excepcionales. Además, el Señor mismo tenía rasgos de castor. Por ejemplo, ¿le gustaba a Cristo "seguir las reglas"? Por supuesto que sí. Es más, él sólo hacía lo que fuera correcto y de acuerdo con la voluntad de su Padre. Él no ignoró ni una letra ni una tilde de la ley de Dios.

Los castores pueden tener muchas virtudes, pero como nuestros amigos leones, ellos pueden a veces alejarse del punto sano de equilibrio. Sin darse cuenta, pueden permitir que su personalidad o su pasado los empujen hacia una manera estricta de relacionarse con los demás.

Hemos visto que un león sensible y un castor equilibrado están entre los animales más útiles y buscados del planeta. Pero si ellos no aprenden a añadir suavidad a sus vidas, sus relaciones pueden terminar en la lista de especies en peligro de extinción.

Si ustedes tienen algunas características de los leones o castores en su vida, asegúrense de leer los siguientes capítulos que describen a nuestros amigos las nutrias y los golden retrievers. Pero lo que también los beneficiará sobremanera es leer los capítulos 10 y 11, donde les daremos diez maneras específicas de agregar una sana suavidad a su amor.

A continuación, echaremos un vistazo al tercer animal en el zoológico familiar: el especialista en divertirse, ser creativo, motivar a los demás y… ¡lograr que los niños estén cubiertos de cereales!

♋

CAPÍTULO SEIS

Cómo Descubrir
las Fortalezas de una Nutria

¿HAN VISTO ALGUNA VEZ una nutria suelta o en el zoológico?
Todo lo que hacen parece estar relacionado, de una manera u
otra, a la diversión. Las nutrias marinas incluso comen mientras
flotan sobre sus lomos, manteniendo la comida sobre el estómago. ¿Cómo actúan sus homólogos humanos? De una manera
bastante parecida. Las personas que tienen un puntaje alto en la
escala de las nutrias son como una fiesta a punto de comenzar.

Hemos visto que lo que más impulsa a los leones es su deseo
de conquistar y lograr algo, y la mayor fortaleza de los castores es
realizar todo correctamente y con calidad. Hemos visto también
que cuando no se controlan, ambos se inclinan hacia el lado
firme del amor. En cambio, lo que motiva a las nutrias es divertirse y disfrutar de la vida. Ésa es sólo una de las siete características que comparten generalmente las nutrias.

1. Lo único que quieren las nutrias es divertirse.

Si existe alguna manera de hacer algo de manera divertida,
estén seguros de que las nutrias lo van a probar. Nosotros dos

somos nutrias de pura raza, lo cual probablemente explique la idea "divertida" que se me ocurrió a mí (John) un cierto día.

Cuando mi hija, Kari Lorraine, tenía dos años, le encantaba comer con las manos. Como muchos otros pequeñitos, solía hacer puré su comida y darle diferentes formas antes de comerla. Un domingo a la mañana, fue su falta de reglas de etiqueta lo que metió a esta nutria en problemas.

Quedaba poco tiempo en nuestra carrera por llegar a la iglesia aunque tarde, pero con estilo. (A las nutrias *les gusta* llegar tarde con estilo.) Kari y yo estábamos todavía sentados en la mesa, tomando el desayuno y mirando "Plaza Sésamo". Yo le había servido un pequeño tazón lleno de cereal polivitamínico que debería haber sido rebautizado como Cereal Poli-saturado (de leche). El instante en que la leche entra en contacto con los copos de cereal, estos se convierten en una pasta: la cosa ideal para que Kari pudiera divertirse jugando.

Tomando un puñado de esta papilla, ella dejaba que la leche se escurriera por sus dedos. Después de apretujar el cereal como una docena de veces, finalmente se cansó del juego y dirigiéndose a mí, me preguntó:

—Papi, ¿qué hago ahora con esto?

¿Preguntarle a una nutria amante de la diversión qué hacer con cereal saturado en leche?

—Cariño, —le dije con cara seria—, tienes que ponértelo sobre la nariz.

¿Les parece que fue una buena idea decirle algo semejante a una niña de dos años?

Si existe alguna manera de hacer algo de manera divertida,
estén seguros de que las nutrias lo van a probar.

De inmediato se le iluminaron los ojos, y sin pensarlo dos veces, exhibió una amplia sonrisa mientras se cubría toda la cara con el cereal. Cuando ella tomó otro puñado para untarse nuevamente toda la nariz, los dos nos estábamos riendo a carcajadas.

Yo tendría que haber estado en control de la situación. En cambio, estaba muerto de risa, rodando por el piso. Incluso preparamos otro tazón más de cereales para poder seguir riéndonos del increíble desastre que habíamos creado.

Tanto la mesa como nosotros estábamos cubiertos por dos tazones llenos de cereales saturados en leche. Nuestro perro, Cracker, se estaba empezando a sentir mal de tanto comer de este festín inesperado. Fue entonces cuando Cindy entró a la cocina… y vio una pasta marrón que lo cubría todo.

A Cindy le gusta divertirse, pero ella es un castor, y el humor estrafalario no es la meta de su vida. Diez minutos antes de la hora en que comenzaba el servicio, en vez de estar en el automóvil, estábamos en el jardín lavando a Kari con la manguera y tratando de limpiar la mesa de desayuno lo suficiente como para poder marcharnos.

Me daba cuenta de que estaba en problemas, pero el resto de la historia fue lo que realmente selló mi suerte.

Cuando la dejamos a Kari en su aula en la iglesia, mi esposa me llevó aparte con suavidad y me dijo: "John, no deberías enseñarle a nuestra niña a jugar con la comida de esa manera. Yo me paso toda la semana enseñándole buenos modales y luego tú le das permiso para destruir toda la cocina".

—Querida, —le dije de buena manera—, no te lo tomes tan en serio.

No tomarse las cosas en serio es una frase típica de las nutrias que quiere decir que lo que hay que hacer es divertirse. Mi idea era que me había reído a carcajadas con mi hija y eso nos había unido. Pero, como muchas nutrias, me había olvidado de un principio fundamental. O sea, necesitamos tener en cuenta las consecuencias de nuestra conducta "divertida".

Después de la iglesia, estábamos almorzando con unos buenos amigos (gracias a Dios) en un restaurante de la zona. Nos acababan de servir la comida, y conseguimos que los niños se tranquilizaran lo suficiente como para dar las gracias por los alimentos. No bien terminamos de orar, yo levanté la mirada y me quise morir.

Allí estaba Kari, con una enorme sonrisa en su rostro y un enorme puñado de fideos en sus manos. En mi afán por divertirme, me había olvidado de que los niños de dos años tienden a repetir lo que acaban de aprender: en especial cuando les ha proporcionado una magnífica respuesta positiva durante el desayuno.

Traté de decirle que no, pero ya era demasiado tarde. Toda nuestra sección del restaurante reaccionó asombrada mientras observaban a mi hija de dos años vestida de espaguetis y yo tratando de desaparecer debajo de la mesa. La mirada en el rostro de mi esposa me dijo que yo era el que había actuado como un niño de dos años. (No era la primera vez que veía esa mirada.)

Si ustedes son los padres de nutrias, esperen que ellos inventen una manera divertida y creativa de ingerir sus alimentos, tomar un baño, o realizar sus tareas escolares. El estar casado con una nutria significa que uno tiene que acostumbrarse a las sorpresas, la espontaneidad, y ver que un proyecto de una hora para arreglar el jardín se transforme en una aventura divertida de tres horas.

Los castores y los golden retrievers aprecian y buscan la actitud divertida de las nutrias. Pero a la larga puede convertirse en una fuente de frustración: "¿Haces *alguna vez* algo en serio?"

Las nutrias se tienen que dar cuenta de que, a pesar de que está bien tomar de vez en cuando las cosas a la ligera, no puede ser siempre así. Cuando evitan tener discusiones serias, obligan a sus cónyuges a sobrevivir con una dieta insuficiente en vez de proporcionarles una comida completa de comunicación significativa. A veces, las nutrias tienen que también abordar temas que les resulten difíciles y, en especial, profundizar sus relaciones en vez de recurrir a un humor ligero y superficial. En breves palabras, ellos tienen que aprender a abastecerse del aspecto firme del amor.

Mi aventura con Kari no produjo mayores consecuencia que mis sentimientos heridos y la necesidad de un vestido nuevo para Kari. Pero en el caso de Gary, otra de las características de las nutrias casi convierte un momento divertido en una tragedia.

2. Las nutrias saben cómo incentivar a los demás para que actúen.

A nosotros, los Smalley, nos ha gustado siempre acampar. Eso es lo que nos llevó a las hermosas montañas arboladas de la Sierra de California. En uno de los lugares en los que nos detuvimos, había una pequeña cascada de agua. En la primavera, habría estado repleta de agua, pero era fines del mes de agosto, así que el flujo de agua se había reducido a un hilito de agua.

El agua no caía a un precipicio, sino que descendía abruptamente por una colina en declive. Cuando yo (Gary) trepé a la parte superior, pude ver que el musgo había formado una alfombra suave, verde y resbaladiza que parecía conformar un tobogán natural que daba al estanque más abajo. Fue en ese momento cuando se me ocurrió una magnífica idea de nutria.

Si yo pudiera hacer que mi hijo Greg trepara a la cima de la cascada y se deslizara a la gran alberca inferior, podría tomar la mejor fotografía de mi vida. Estaba seguro de que mi nueva cámara fotográfica captaría la foto adecuada para figurar en la tapa de nuestro álbum familiar.

—Greg, ven aquí, —grité hacia el lugar donde se encontraba sentada toda la familia en la base de la cascada.

Rápidamente, él subió a donde me encontraba yo, a mitad de camino, y le expliqué mi idea.

—Papá, —me dijo con escepticismo, mirando la pendiente y la distancia implicada—, ¿estás seguro de que no voy a comenzar a ir demasiado rápido, lo cual me impedirá tomar esa curva camino a la piscina?

Cuando miré lo que me estaba señalando, pude ver lo que me quería decir. El tobogán iba bastante derecho hasta el último momento. Allí trazaba un ángulo hacia la izquierda antes de volcarse en las aguas profundas.

—Confía en mí, —le dije. (*Confía en mí* es otra de las frases clásicas de las nutrias que quiere decir: "No me hagas preguntas como si pensaras que realmente he meditado en todos los detalles. Va a funcionar. ¡Hagámoslo!)

—Greg, —le dije—, si te hace sentir mejor, yo me colocaré justo aquí donde dobla la pendiente para poder agarrarte si fuera necesario.

En realidad, yo estaba pensando que, desde esa posición, yo podría tomar una magnífica fotografía de mi hijo bajando por el tobogán. Luego, podría darme vuelta y tomar otra fotografía de su zambullida en el agua.

Sin embargo, pude darme cuenta de que mis palabras no le ayudaron a sentirse mejor. Pero las nutrias podemos ser sumamente convincentes, así que seguí hablándole. A los pocos minutos, allí partió desde la cima para emprender el trayecto de su vida.

Con los accidentes, suele ocurrir que las cosas suceden tan rápidamente que parecen tener velocidad propia. A través de la lente de mi cámara fotográfica, pude ver cómo se largaba Greg desde lo alto, comenzaba a resbalar por la colina, tomando velocidad. El declive era mucho más pronunciado de lo que me había imaginado (nunca había trepado todo hasta arriba) y, antes de llegar a la mitad de la cuesta, ya estaba yendo a demasiada velocidad.

Inmediatamente, dejé de tratar de enfocar mi cámara y comencé a ponerla de lado para poder atajar a Greg. Antes de que pudiera moverme, él pasó como un bólido a mi lado. No creo que sea necesario decirles que nunca pudo tomar la curva. En vez de caer a la piscina más abajo, ¡rebotó contra la ladera de la colina y desapareció por encima de un pequeño acantilado!

Cuando me di vuelta, vi la cara de Norma. Sus ojos estaban llenos de terror, y gritó al ver lo que yo todavía no alcanzaba a ver. Corrí al borde del precipicio, y cuando miré hacia abajo, lo vi a Greg rebotando contra las rocas, quedando finalmente tirado en la parte inferior de la colina.

Lo primero que pensé fue: *¡He matado a mi hijo!* Mientras bajaba dificultosamente por la ladera, no podía creer lo que había hecho. *¿Por qué no pensé en esto detenidamente? ¿Por qué lo convencí para que lo hiciera?* , me reprochaba una y otra vez.

Gracias a Dios, esta historia tiene un final feliz. Cuando llegué al pie de la colina, Greg ya se estaba sentando. Estaba algo zarandeado, pero se había mantenido alerta cuando golpeó el suelo por primera vez y se había deslizado sobre sus sentaderas hasta detenerse.

La que peor estaba era su mamá castor/retriever. Es más, hace poco estábamos mirando algunas de nuestras viejas fotografías de familia y nos topamos con las diapositivas de ese viaje de infausta memoria. Norma se inclinó hacia mi lado y me dijo: "¡Gary, ésta es la única vez en mi vida que si te hubiera podido agarrar, no sé qué te habría hecho!"

Las nutrias son magníficas para incentivar a los demás. Ellas pueden cautivar a toda una audiencia o estimular a los desanimados. Muchas de las nutrias utilizan su talento verbal para convertirse en predicadores o maestros. Y todas ellas parecen tener el don natural de la charla que puede darle a un hogar u oficina esa energía o impulso extra que necesitan.

3. Las nutrias tienden a ignorar la letra pequeña.

Como madre que estaba sola a cargo de sus hijos, mi mamá (la de John) actuaba como papá de muchas maneras, llevándonos a mí y a mi hermano a acampar e incentivándonos a practicar deportes. Pero una de las cosas que no recibimos fue el aprendizaje de cómo utilizar herramientas.

Las nutrias son magníficas para incentivar a los demás. Ellas pueden cautivar a toda una audiencia o estimular a los desanimados.

Mi falta de talento mecánico nunca fue un problema: hasta que me casé. Cuando Cindy se dio cuenta de mi ignorancia, comenzó a animarme para que hiciera algo al respecto.

Nunca me voy a olvidar un incidente. Estábamos sentados en casa, mirando la televisión, cuando apareció un aviso publicitario sobre una marca de aceite de motor. Como algo novedoso, la publicidad mostraba a un simio entrenado que estaba haciendo un cambio de aceite para demostrar lo sencillo que era. El mono desatornillaba la tapa del tanque de aceite por debajo del automóvil, sacaba el filtro usado y colocaba uno nuevo. Luego echaba el aceite fresco. "¿Qué podría ser más fácil que esto?", implicaba el anuncio comercial.

—John, —me dijo Cindy con una gran sonrisa—, ¡después

de ver esto, estoy segura de que tú podrías ir y cambiar el aceite de nuestro coche!

Cambiar el aceite... pensé, "pues claro que sí" fueron mis palabras, mientras saltaba del sillón, entusiasmado de ahorrarme unos dólares y proteger el motor mejor que nunca. Al final, el automóvil tendría que haber tenido a alguien que lo protegiera de mí.

Me sentía motivado (una de las características de las nutrias) y estaba listo para divertirme un rato (la segunda), ¿pero creen acaso que leí las instrucciones antes de comenzar a cambiar el aceite de mi coche por primera vez en mi vida? Claro que no (nuestra tercera característica como nutrias).

Como no tenía herramientas, fui a la casa de mi vecino y le pedí prestada una llave inglesa. Con eso, estaba listo para comenzar. Me metí debajo del coche con mi bandeja de plástico preparada para atajar el aceite usado, y me las arreglé para extraer un gran tornillo que me parecía que estaba justo debajo del motor. No bien quité el tornillo, salió un chorro de aceite rojo.

¿Aceite rojo?, pensé para mis adentros. *Qué suerte que decidí cambiar esta cosa. Cuando el aceite se pone rancio, se debe poner realmente rojo, como éste.*

Después de permitir que saliera todo el "aceite", volví a colocar el tornillo, y vertí los seis o siete cuartos de aceite que había comprado (*Después de todo*, pensé, *es un motor grande*). Bueno, ya estaba listo para salir. ¿Verdad? No. Estaba listo para arruinar el coche.

Por las dudas de que no hayan adivinado ya, sin saberlo, yo había vertido todo el líquido de la transmisión, ¡no el aceite! Ahora tenía doce cuartos de aceite en mi coche en vez de cinco, y ni una sola gota de líquido de transmisión.

¿Cuándo realizamos este apasionante descubrimiento? Esa noche mientras manejábamos nuestro automóvil, cuando la transmisión se quemó en la mitad de la autopista en Dallas.

A pesar de que mi experiencia de evitar detalles nos envió directamente a un taller de transmisión, en muchos casos, la capacidad de las nutrias de operar sin instrucciones les proporciona resultados mucho más positivos. Por ejemplo, muchos chef de cocina, artistas y músicos son nutrias que utilizan su talento natural de "arreglárselas sobre la marcha" para crear obras de arte. Podemos confiar en que las nutrias idearán una manera innovadora de hacer algo, pero muy pocas veces lo harán según lo que dictan las reglas.

Las nutrias comparten una cuarta característica también. Parecería que Dios construyó en su interior un ascensor de escape emocional que puede elevarlos por encima de casi todos los problemas. Es una característica vinculada a su percepción del tiempo.

4. Las nutrias se concentran en el futuro.

Es raro que una nutria piense que un problema es tan grave como lo ven los demás, y eso puede ser una verdadera ventaja. ¿Por qué? Porque las nutrias tienden a ser increíblemente optimistas: un rasgo que surge principalmente de su opinión del tiempo y que puede ayudarlas a permanecer tranquilas, aún en el medio de pruebas.

Para la nutria común y corriente, el futuro está inseparablemente vinculado al presente. Es una percepción de la vida que fácilmente mira hacia delante. Y dado que el noventa y nueve por ciento de todos los problemas existen en el pasado o en el presente, el concentrarse en el futuro, donde todo puede aún solucionarse, las ayuda a mantenerse optimistas.

Hace poco leímos una historia que demuestra de manera hermosa el valor de dicho optimismo. Es un relato conmovedor de un piloto norteamericano que fue herido por los vietnamitas del norte, capturado y encarcelado en el "Hanoi Hilton" durante varios años. Estábamos fascinados de leer sobre la capacidad que desarrollaron varios de los prisioneros para poder soportar su reclusión, poniendo mentalmente de lado los problemas presentes para concentrarse en el mañana.[12]

En los confines de la prisión, estos hombres diseñaron y construyeron casas y otras estructuras en su mente, hasta el punto de colocar muebles en cada habitación. Otros establecieron ligas ficticias de béisbol o fútbol americano, completas con rivales regionales, partidos de clausura y reclutamiento de nuevos jugadores. La habilidad de utilizar su imaginación para concentrarse en el futuro los ayudó a enfrentar las dificultades presentes.

Este mismo talento es el que vemos constantemente en las personas con características de nutria. La hija de Jean nació con un defecto genético. Para muchos padres, las limitaciones físicas de la pequeña Diane les hubiera parecido como una puerta cerrada a un futuro especial. Pero como madre nutria, Jean recurrió a sus fortalezas naturales y elevó sus ojos para mirar más allá de la barrera inmediata que tenía delante.

En fe, Jean siguió creyendo y estimulando a su hija para que fuera mucho más de lo que pensaran los demás. Llevó años de esfuerzos diarios y constantes, pero Diane finalmente floreció mucho más de lo esperado, gracias a la capacidad de su madre de concentrarse en una meta futura.

El problema era que el brazo izquierdo de Diane nunca creció más allá del codo. Cuando nació, allí donde tendrían que haber estado su antebrazo y su mano, sólo se hallaba un apéndice carnoso. Pero su madre nutria siguió concentrándose en el futuro, diciéndole: "Tú puedes hacer todo lo que quieras hacer".

A todo lo largo de la escuela primaria y secundaria, Jean estuvo al lado de Diane, animándola e infundiéndole optimismo. Luego vino la universidad, y Diane decidió estudiar música en un muy buen colegio del centro del estado de Texas. La imagen que le había dado siempre su madre de un futuro positivo le ayudó a sentir que realmente *podía* hacer todo aquello que se propusiera: incluso tomar clases de piano como asignatura secundaria, lo cual se le exigía a todos los alumnos de música.

La persona más feliz y orgullosa en el recital de Diane era su madre nutria: alguien que había utilizado sus virtudes personales para animar y enriquecer la vida de su hija.

El concentrarnos de manera optimista en el futuro puede ser una ventaja natural, pero puede ser, al mismo tiempo, una debilidad. Eso es especialmente cierto si las nutrias sacan sus fortalezas naturales de equilibrio y terminan ignorando o tratando de encontrar alguna explicación convincente para sus problemas. Un claro ejemplo fue una pareja que vino a nuestro consultorio para recibir consejería.

Raimundo y Raquel habían estado casados apenas unas semanas cuando decidieron divorciarse. Pensaban que le habían dado a la relación la oportunidad que se merecía. Pero, antes de que presentaran la solicitud del divorcio, alguien los convenció de que vinieran a vernos.

No había dudas de que el esposo era una nutria. ¿Se imaginan qué es lo que decía en relación a sus problemas? Con su enfoque puesto en el futuro, le había estado diciendo a su esposa cosas tales como: "Démosle un poco más de tiempo". "Todo va a mejorar". "Ya verás el mes que viene". "Cariño, dame una oportunidad".

Desafortunadamente, Raquel miraba la vida desde el punto de vista opuesto. Como castor, ella se concentraba en el pasado. Escuchaba las súplicas de su esposo que le decía que el futuro sería diferente, pero deseaba, antes de creerlo, ver algún éxito que lo comprobara. Y, ya que las cosas no habían andado demasiado bien durante las últimas seis semanas o en los varios meses antes de la boda, ella afirmaba cosas tales como: "Todavía no veo ninguna mejoría" y "Nuestro noviazgo fue un desastre, ¿por qué voy a pensar que las cosas van a mejorar?"

Durante el noviazgo, Raimundo no había sido capaz de cumplir con su promesa de cambiar algunos hábitos que Raquel odiaba y, después de casados, había minimizado los sentimientos de desaliento de su esposa. Él tenía que darse cuenta, rápidamente, que el futuro solo no contenía la clave para mantenerlos juntos. Recién cuando tomó conciencia de la dura realidad de su presente y de que su esposa estaba a punto de dejarlo, pudo por fin cambiar su enfoque.

Afortunadamente, sobrevivieron la consejería y, la última vez que chequeamos, aún seguían casados después de cinco años de matrimonio. Ambos aprendieron algo vital sobre el tiempo. Entendieron que es necesario abordar las diferentes opiniones sobre el tiempo en el matrimonio. Cuanto más pueda respetar una nutria la necesidad que tienen las demás personalidades de un historial, tanto mejor.

Si es equilibrado, el optimismo de una nutria basado en un enfoque futuro es saludable. Puede ayudarlos a crear una actitud positiva, tanto para ellos como para los demás. Pero, como podrán imaginarse, su perspectiva optimista, tan propensa a la diversión, puede hacer que les resulte muy difícil encarar las confrontaciones.

5. Las nutrias tienden a evitar las confrontaciones a toda costa.

Como recién casado, Daniel estaba muy entusiasmado con su nueva esposa, Nancy, y con su nuevo trabajo. Por fin lo había ascendido al nuevo cargo que él deseaba en el departamento de publicidad de su compañía. No podía ni siquiera imaginarse que todo fuera mejor. Tenía razón. Las cosas iban a empezar a ir muchísimo peor.

Daniel había escuchado rumores de una posible adquisición hostil de su compañía, pero esos rumores habían estado flotando en el aire durante años. Luego, un día, la gente comenzó a correr por los pasillos, gritando las noticias de que los había absorbido una empresa multinacional.

Daniel le contó a Nancy lo que había ocurrido. Pero no le contó la historia completa: los nuevos dueños tenían su propia agencia de publicidad, de modo que era muy factible que ya no necesitaran más sus servicios.

Daniel no estaba tratando de lastimarla a Nancy. Al contrario. Con su manera suave de manejar los problemas, pensaba que estaba haciendo lo correcto al ahorrarle los detalles de lo que "podría" pasar. Pero su interés en protegerla no era la única razón por la que no le dijo nada. Al no hablar sobre sus problemas laborales con su esposa, postergó el tener que enfrentarlos él mismo, por lo menos por algún tiempo.

Desafortunadamente, ¡se le acabo a Daniel el tiempo el día que Nancy llegó a casa antes que él y se encontró con la notificación de despido en el buzón!

Si ustedes tienen un puntaje alto en la escala de las nutrias, sepan que, en ocasiones, les será muy difícil confrontar a las personas o abordar discusiones arduas que exijan una postura rígida. Los lineamientos en el capítulo sobre cómo añadir un aspecto firme y saludable a nuestro amor (capítulos 10 y 11) les ayudarán a obtener el equilibrio que necesitan en esta área.

Esto no quiere decir que todas las nutrias busquen manipular o engañar a los demás, como Daniel, para evitar las confrontaciones. Pero la mayoría de las nutrias tratan de evitar todo asunto explosivo o tratan de posponer aquellas discusiones espinosas que no son nada divertidas.

6. Las nutrias establecen una magnífica red de contactos.

La sexta característica común de las nutrias es lo que las convierte en magníficos empleados o generosos amigos. O sea, ellas parecen haber sido bendecidas con la capacidad de conectar a la gente.

Muy rara vez se topan las nutrias con un extraño. Ellas conocen gente que conoce gente que conoce gente. ¡El único problema es que no pueden recordar el nombre de todos ellos! Conocen a tanta gente, que al poco tiempo toda aquella persona con la que se encuentran se convierte en: "Viejo amigo" o "Cariño".

Mi hija (la de Gary), Kari Lynn, tiene mucho de nutria y tiene un gran talento para establecer conexiones entre la gente. Mientras escribo esto, ella está enseñando por primera vez en una escuela de la zona del centro urbano habitada por familias de escasos ingresos. Históricamente, esta escuela ha tenido mala asistencia a las reuniones de padres y maestros.

En vez de sentarse y desear que las cosas fueran mejor, Kari tomó la iniciativa de programar, por cuenta propia, una cena para las familias de sus alumnos. ¡Asistieron más de sesenta personas!

Lo que Kari hizo es algo que la mayoría de las nutrias puede realizar en un instante: reunir a la gente para un evento. Ella había escuchado que el número de asistentes era bajo, pero eso no la detuvo. Sabía que si comenzaba a llamar a los padres, además de agregar el aliciente de la comida, podría suceder cualquier cosa. Y con todas sus llamadas telefónicas, mencionando que fulana traería tal plato, y que mengana traería tal otro, consiguió que todos, desde abuelos hasta tíos, vinieran a conocerse y a disfrutar de la cena.

El director de la escuela quedó tan impactado por el entusiasmo de Kari para conseguir que se involucraran los padres que, de inmediato, le pidió que ayudara al presidente de la Asociación de Padres y Maestros a planear varias reuniones de padres a lo largo del año escolar.

Hemos visto que las nutrias tienen un talento natural tierno que puede fácilmente traducirse en amistades y relaciones divertidas. Pero existe un problema que comparten estos miembros del zoológico familiar, y que los padres de los niños que sean nutrias necesitan conocer.

Tomemos la necesidad de las nutrias de agradar a todo el mundo y ser parte de un grupo. Agreguemos a la mezcla sus tendencias impulsivas y creativas con su amor al alboroto y la aventura. Todo esto conforma la receta perfecta para la personalidad más vulnerable a la presión de sus pares.

7. *Las nutrias son muy susceptibles a la presión que ejercen sus compañeros.*

Existe un hombre en el Antiguo Testamento que, a pesar de que no era juguetón, parecía poseer muchas de las características de las nutrias. Desafortunadamente, la mayoría de ellas habían perdido el equilibrio hasta el punto de convertirse en flaquezas, no virtudes.

Cuando los israelitas exigieron un rey como todas las naciones vecinas, Saúl fue el escogido. Como muchas nutrias, él estaba preocupado con lo que pensaban los demás. Tenía una cabeza más de altura que los demás y era sumamente atractivo. Pero el énfasis de Israel en lo externo, cuando andaban a la búsqueda de un rey, impulsó a Samuel el profeta a decir: "La gente se fija en las apariencias, pero yo me fijo en el corazón".[13]

A Saúl también le gustaba ser el centro de atención, sobre todo cuando se hallaba frente a sus tropas. Sin embargo, como buena nutria, no pensaba detalladamente en las órdenes que les daba a sus hombres. De hecho, cierta vez les dio la orden impulsiva que ninguno de sus soldados podía comer ni beber durante una importante batalla, lo cual le costó a Israel una gran victoria y casi le arrebata la vida al hijo de Saúl.

Bajo presión, Saúl reaccionó atacando verbalmente a los que lo rodeaban (algo que las nutrias tienden a realizar). Pero quizás lo peor fue que estaba terriblemente preocupado por la opinión popular. Es más, estaba más preocupado por complacer a la gente que complacer a Dios.[14]

Desgraciadamente, el rey Saúl cedió ante la presión de sus pares y desobedeció directamente a Dios, permitiendo que sus tropas tomaran parte del botín de una de sus grandes conquistas. Y, como resultado de sus acciones, Dios arrebató el reino de sus manos.

No creo que ninguno de nosotros pierda un reino por ceder a la presión de los demás. Pero eso no quiere decir que no perdamos el respeto de alguien, un empleo o incluso a nuestros hijos que se van en pos de las drogas o el alcohol. Y los padres de nutrias tienen que cerciorarse de establecer una amistad sólida con sus hijos para ayudarlos a pasar los momentos difíciles de su adolescencia, cuando la presión de sus amigos es muy fuerte.[15]

Las nutrias son los líderes y las personalidades populares. Sin embargo, ellos tendrían que recordar que el estado de su corazón es lo más importante, no la cantidad de amigos que tengan o cuánto les agradan a los demás.

A las nutrias les resulta fácil ser blandas con las personas. Lo que les cuesta es ser estrictas con los problemas. Y los peligros de tratar de complacer a la gente tendrían que ser algo que ellas tengan siempre presente en medio de la diversión, energía y entusiasmo que crean.

Las nutrias no son los únicos animarles que tengan una inclinación hacia la afabilidad. Cuando den vuelta la hoja, van a descubrir otro grupo de gente que tiende a tener una increíble capacidad para relacionarse de manera profunda y duradera.

Ellos son los que tienen un cartel sobre la frente que dice: "Me gustas. Seré un muy buen amigo". Sin decir nada, le dan pie a la gente, casi como diciéndoles: "Llámame; me encantará escucharte durante horas". Ellos son los que parecen estar equipados con las características naturales más tiernas de todas: nuestros amigos golden retrievers.

♌

Capítulo Siete

Cómo Descubrir las Fortalezas de un Golden Retriever

HACE YA VARIOS AÑOS, yo (John) ocupé el cargo de consejero del personal de una iglesia grande. Después de ver a varias parejas, comencé a darme cuenta de que, con sólo mirar la manera en que entra caminando la gente al consultorio de consejería, se puede saber lo que ocurre. Cuando Daniel y Diana entraron arrastrando los pies y luego se pusieron tensos cuando les indiqué que se sentaran en el mismo sofá, supe que su matrimonio estaba en serios problemas.

Una vez que leí sus formularios y los dejé que se sentaran lo más alejados posible el uno del otro sin caerse del sofá, les dije: "Bueno, aquí dice que han estado casados durante veintiocho años, lo cual es un logro bastante importante. Dice además que en este momento están teniendo dificultades". Levantando la mirada de las notas de su caso, les pregunté:

—¿Cuándo comenzaron a surgir las dificultades?

Ellos se miraron el uno al otro como solicitándose permiso para hablar. Luego me miraron y dijeron al unísono:

—¡Hace veintiocho años!

Sin haberles tomado nunca nuestro test de personalidad, supe en ese instante que al menos uno de ellos era un golden retriever. ¿Por qué? Porque de todos los animales en el zoológico familiar, los golden retrievers pueden absorber la mayor cantidad de dolor emocional sin cejar en su compromiso hacia la otra persona.

¿Cómo lo logran? Poseyendo al menos siete de las características otorgadas por Dios que los depositan justo en el medio del lado tierno del amor. Se trata de cualidades como hacer que, cueste lo que cueste, la lealtad sea la máxima prioridad.

1. Los golden retrievers son, sobre todo, leales.

Corría el año 1864. En Edimburgo, Escocia, vivía un hombre anciano llamado Jock. Él había sido durante años un pastor fiel, soportando el clima y protegiendo a sus rebaños. Pero la dureza de las montañas le había afectado la salud. A los casi setenta años de edad, poseía aún el talento y el corazón de un pastor, pero no el estado físico. Sus piernas ya no podían soportar el ascenso para ir en búsqueda de una oveja perdida o para echar fuera a un depredador. Y, a pesar de que la familia para la que trabajaba lo amaba mucho, no tenían el dinero suficiente como para seguir empleándolo. De modo que, rengueando por fuera y sufriendo por dentro, se marchó en su carro desde su pueblo a su nuevo hogar en la ciudad.

Cuando llegó a la ciudad, Jock comenzó a trabajar realizando trabajos de carpintería y albañilería. Comenzó a tener muchos amigos entre los comerciantes de la ciudad. A ellos les gustaba el Viejo Jock por su cálida sonrisa y lo necesitaban debido a su talento como obrero. Era muy talentoso y arreglaba de todo, desde una silla imposible de arreglar hasta enmasillar las ventanas para que el frío húmedo de Escocia no penetrara por las hendijas. Pero, a pesar de tener muchos amigos, su familia incluía sólo uno: un Skye terrier que había adoptado llamado Bobby.

Jock y Bobby eran inseparables. Salían juntos todos los días y pasaban por los diversos negocios buscando trabajo. Su rutina era siempre la misma. Comenzaban el día en el restaurante de la zona donde siempre había algún arreglo que hacer a cambio de una comida caliente. Luego bajaban por la calle, haciendo una parada en cada negocio para ver si había necesidad de sus servicios. Por fin, a la noche, los dos regresaban a un albergue algo venido abajo que les servía de hogar.

De todos los animales en el zoológico familiar, los golden retrievers pueden absorber la mayor cantidad de dolor emocional sin cejar en su compromiso hacia la otra persona.

Dicen que muchas personas tienen el presentimiento, o conocimiento interior, de que se acerca la hora de su muerte. Así ocurrió con Jock. Ya había pasado un año desde que el anciano escocés había venido a la ciudad. Era el final del verano y el brezo estaba en flor en las colinas adyacentes. Un día, al salir el sol, en vez de caminar hacia el restaurante con Bobby, empujó su cama y la colocó junto a la única ventana que había en la habitación. Allí se quedó acostado, mirando las elevadas colinas y las montañas de su amada Escocia.

"Muchacho", le dijo, acariciando el pelo grueso y renegrido de Bobby con su mano, cuya única fuerza ahora era la fuerza del amor, "ha llegado el momento de irme a casa. Ya no me van a obligar nunca más a dejar la campiña. Lo siento, mi muchacho, pero de ahora en adelante te las tendrás que arreglar solo".

Sólo alguien que haya verdaderamente amado a otra persona puede saber lo profundo que era el vínculo entre estos dos seres. Mientras que el anciano pastor miraba los ojos de su amigo más cercano, se le nubló la vista. Sintió un escalofrío y Bobby, el pequeño perro negro, se acurrucó junto a su amo. Hizo todo lo posible para mantenerlo abrigado una última vez mientras que el viejo Jock se escurría de este vida hacia la eternidad.

Jock fue sepultado al día siguiente en un lugar inusual para alguien tan pobre. Debido al lugar donde falleció y a la necesidad de enterrar el cuerpo lo antes posible, lo enterraron en uno de los cementerios más refinados de todo Edimburgo: Greyfriar's Churchyard. Este hombre común y corriente fue sepultado entre los hombres más poderosos y nobles de la historia de Escocia. Pero aquí es donde apenas comienza la historia.

A la mañana siguiente, el pequeño Bobby apareció en el mismo restaurante que solía visitar con Jock cada mañana. Luego hizo su ronda por las tiendas, así como lo había hecho siempre con Jock. Esto continúo día tras día. Sin embargo, Bobby desaparecía a la noche, para regresar, cada mañana, al restaurante.

Los amigos del Viejo Jock se preguntaban algo preocupados dónde estaría durmiendo el perro. Por fin se reveló el misterio. Todas las noches, Bobby no buscaba el calor de un hogar, ni se refugiaba del viento y la lluvia de Escocia. Se escurría en el cementerio y se acostaba junto a la sepultura de su amo.

El cuidador del cementerio lo echaba cada vez que lo veía. Después de todo, existe una ordenanza municipal que prohíbe la presencia de perros en los cementerios. Trató de arreglar la cerca y hasta puso trampas para atraparlo. Por último, con la ayuda de un agente de policía local, lograron apresarlo y lo llevaron a la perrera municipal por no tener una licencia. Ya que nadie podía reclamarlo como propio, parecía que lo tendrían que aniquilar.

Los amigos del Viejo Jock y de Bobby que se enteraron de esta difícil situación presentaron una demanda a favor de Bobby en el juzgado local. Por último, llegó el día en que se presentaría su caso ante el alto tribunal en Edimburgo.

Se necesitaba un milagro para salvar la vida de Bobby, sin mencionar el permiso que necesitaba este perro fiel para quedarse junto a la tumba de su amigo. Sin embargo, eso fue exactamente lo que ocurrió cuando se llevó a cabo un acto sin paralelos en la historia de Escocia.

Antes de que el juez pudiera pronunciar la sentencia, una horda de niños de la calle entró corriendo a la sala del tribunal. Penique por penique, estos pilluelos habían recaudado los siete chelines que se necesitaban para una licencia para Bobby.

El alcalde estaba tan impactado por el amor de los niños por el animal que oficialmente le otorgó al perro la "Libertad de la Ciudad", convirtiéndolo en propiedad de la ciudad, con un collar especial que declaraba ese hecho.

Ahora Bobby podía correr libremente, jugando con los niños durante todo el día. Pero cada noche, *durante los 14 años que transcurrieron hasta que falleció en el año 1879*, un amigo leal y amoroso mantuvo su guardia silenciosa en el cementerio de Greyfriar junto a su amo. Si visitan alguna vez Edimburgo, pueden visitar la estatua de Greyfriar's Bobby que se encuentra aún en el antiguo cementerio de la iglesia, 110 años después de su muerte.[16]

Greyfriar's Bobby demostró algo que les resulta natural a los miembros humanos del zoológico familiar que tienen un puntaje alto en la escala de los golden retrievers. En ellos vemos la lealtad de quedarse junto a la cama de un enfermo, escuchar los problemas de los demás durante horas, dar una mano aunque sea un sábado o día feriado.

Esta increíble clase de ternura y lealtad es la que vemos en muchos hogares hoy día donde los esposos o esposas golden retrievers cuidan a sus familias.

Pensamos en Brenda, que soportó durante cinco años y medio mientras que su esposo era un prisionero de guerra en Vietnam. Ella nunca dejó de amarlo y orar por él. Luego está Charlie, un hombre a quien le encanta la pesca, pero que no lo ha vuelto a hacer durante años ya que tiene que ocuparse de las necesidades de su esposa inválida.

No obstante, no sólo apreciamos la lealtad de los golden retrievers en ejemplos tan dramáticos como estos. Muchos esposos y esposas son los héroes ocultos, haciendo que la lealtad a sus familias, sus compañías y sus iglesias sea el sello que distingue a sus relaciones. ¡Qué virtud es esa clase de lealtad!

Sin embargo, como veremos en un capítulo más adelante, la profunda lealtad de los golden retrievers puede tener su lado oscuro. Algunos términos tales como *codependencia* y *facilitación negativa* pueden yacer a los pies de aquellos quienes, en el nombre de la lealtad, convierten sus virtudes en debilidades.

La lealtad es la característica predominante de la persona que sea un golden retriever y, de muchas maneras, actúa como algo que aglutina a todas las demás. Sin embargo, bajo ese rasgo existen otros seis que son igualmente importantes. El primero que estudiaremos es un primo cercano de la lealtad. Emanando del fuerte sentido de compromiso del retriever proviene una sincera necesidad de conocer a los demás de una manera profunda y personal.

2. Los golden retrievers tienen una gran necesidad de relaciones cercanas.

Ya hemos mencionado que tanto las nutrias como los golden retrievers tienen una capacidad natural para establecer relaciones con los demás. Sin embargo, existe una gran diferencia entre la profundidad de las relaciones que disfrutan.

Las nutrias se hacen amigas de toda clase de personas, conociendo a menudo cientos de ellas, pero de manera sólo superficial. El objetivo no es una amistad increíblemente íntima, sino muchas amistades sin demasiada profundidad. De hecho, la nutria común y corriente puede tener entre diez y doce "mejores" amigos: un mejor amigo en el vecindario, un mejor amigo en la escuela, un mejor amigo en el trabajo, un mejor amigo en la iglesia, un mejor amigo en la escuela de sus hijos, y demás.

Los golden retrievers observan la amistad de otra manera. No suelen conocer a tanta gente, pero con los que consideran sus amigos, desean calar profundo.

Esto es especialmente cierto en los matrimonios, donde la mayoría de los golden retrievers esperan disfrutar los sentimientos más profundos. Por tanto, un esposo o esposa retriever puede frustrarse fácilmente con los eternos proyectos del león, la reserva emocional del castor y la personalidad extrovertida de la nutria.

Nuestras esposas tienen fuertes tendencias de golden retrievers, y ambas tienden a tener amistades de toda la vida. Cindy se suele aún reunir con diez de sus amigas del colegio primario para la estación navideña. ¡Yo (John) ni siquiera puedo recordar mis *maestros* de la escuela primaria!

Norma tiene las profundas amistades de los retrievers. Hace poco tiempo, ella celebró un cumpleaños especial. Los niños y yo (Gary) trabajamos durante meses para programar una fiesta sorpresa que tuviera éxito.

Después de que Norma entrara a la casa y se encontrara con un coro de "¡Sorpresa!" y "¡Feliz Cumpleaños!", la sentamos en un sillón en la sala de estar. Sin que ella supiera nada, en el piso de arriba se encontraban varios familiares y amigos muy especiales que estaban aguardando para hablar con ella.

Nosotros teníamos un sistema de intercomunicación en toda la casa. Ese día, en vez de música, iba a transportar voces del pasado. Le pedimos a cada una de las personas que estaban arriba que hablaran por el intercomunicador, contando alguna historia personal del pasado de Norma.

Norma podía escuchar la voz, pero no podía ver la persona. Después de relatar la historia, cada uno de ellos concluía con estas palabras: "¿Sabes acaso quién soy?"

Las típicas nutrias habrían estado tratando de adivinar, esperando que su natural sentido del humor pudiera cubrir cualquier equivocación. Pero la memoria de Norma era perfecta. Ella conocía cada una de las voces. Ni siquiera tenía que aguardar a que terminaran su relato. Luego, llamando a cada uno por su nombre, les pedía que bajaran a reunirse con nosotros. Ni siquiera se equivocó cuando escuchó las voces de tres amigas especiales del colegio secundario, a quienes no había visto durante años.

Para las nutrias, tener los mismos amigos durante tres semanas es todo un logro. Les encanta pasar de un grupo a otro y se concentran tanto en el futuro que suelen no mirar hacia el pasado. Pero el profundo sentido de compromiso de los golden retrievers los insta a pegarse a sus seres queridos y hacen todo lo posible para mantenerse cerca de ellos a través de los años.

Los retrievers son naturalmente leales y desean amistades profundas y duraderas. Y la tercera tendencia que comparten es una expresión instintiva de su permanente dedicación a los demás.

3. Los golden retrievers tienen la profunda necesidad de complacer a los demás.

Recién acabábamos de enseñar la sección de nuestro seminario "El amor es una decisión" (*"Love is a Decision"*) sobre las diversas personalidades animales, cuando se nos acerca una madre joven, casi llorando. "Gracias por sus explicaciones", nos dijo con evidente emoción.

"Ahora siento que me puedo relajar. Lo que ocurre es que mi hijo mayor es exactamente igual a la descripción que dieron sobre el golden retriever. Es generoso, sensible, anhela complacernos y jamás nos dio problemas, ni siquiera durante el embarazo. Pero cuando nació su hermano, el león… ¡es pura guerra! Ahora entiendo por qué son tan diferentes".

Muchos de los padres de los golden retrievers comparten esta misma experiencia. Pueden percibir que sus hijos desean profundamente complacerlos a ellos y a los demás, pero no de la manera en que lo hacen las nutrias, sino como resultado de un verdadero deseo de bienestar para aquellos a quienes están dedicados.

Terry Brown, el coordinador nacional de nuestro seminario, es un ejemplo clásico de alguien que exhibe esta característica típica de los golden retrievers. Antes de unirse a nuestro equipo, Terry había sido el director de un programa de discipulado a nivel universitario extremadamente efectivo. Cuando se unió a nosotros, tenía un solo objetivo presente: hacer lo que fuera necesario para servir a nuestro ministerio y ayudarnos a fortalecer familias en todo el país.

Durante casi seis años, Terry ha sido verdaderamente el héroe olvidado de nuestro ministerio. De las casi treinta y tres mil personas que asistirán a nuestro seminario "El amor es una decisión" este año, muy pocas reconocerán su nombre. Sin embargo, todas ellas están concurriendo como resultado directo de los incansables esfuerzos de Terry por preparar las iglesias que habrán de ser la sede del seminario, arreglar los seminarios en sí, repartir la información necesaria sobre los mismos, y administrar los cientos de detalles necesarios para el éxito de semejante ministerio.[17]

Si ustedes tienen un amigo golden retriever como Terry, son tan bendecidos como nosotros. Su deseo poco común de poner de lado sus propias necesidades para servir a los demás es una gran virtud.

4. Los golden retrievers tienen un corazón lleno de compasión.

Yo (Gary) estoy actualmente involucrado en un grupo de responsabilidad de matrimonios que se reúne todos los miércoles. Durante una hora y media, uno por uno compartimos las luchas y éxitos que hemos percibido desde la última reunión.

Cuando comenzamos el grupo, una de las maneras en que derribé barreras fue pidiéndole a cada uno de los concurrentes que tomara la Encuesta de Fortalezas Personales que tomaron ustedes antes. Así descubrimos que Shirley, una de las mujeres del grupo, es una golden retriever de pura raza. ¿Cómo lo sé? No solamente de los resultados del test, sino además por haber escuchado lo que ocurrió recientemente cuando estaba parada en la cola de la tienda de comestibles.

Shirley sufre el mismo síndrome que yo. Sea cual sea la fila que escoja, en el banco o tienda de comestibles, será la más lenta de todas. Ese día no tenía muchas cosas que comprar, así que su hijo adolescente había optado por quedarse sentado en el coche, escuchando la radio.

Mientras estaba allí parada en la hilera, Shirley le sonrió a la señora que estaba parada detrás de ella. Quizás sea la calidez natural que parece emanar de los golden retrievers o alguna manera en que se refleja el sol en sus oídos siempre atentos, pero Dios parece haber puesto una marca clara en ellos para que los demás sepan que son sus consejeros especiales. La gente que esté sufriendo emocionalmente va a percatarse de esa marca y comenzará a hablar: aun cuando estén paradas en la cola de la tienda de comestibles.

La mujer que estaba detrás de Shirley se aferró a su sonrisa y comenzó a derramar su corazón. Esta completa extraña le dijo que su esposo la acababa de abandonar después de que ella le hubiera rogado que se quedara. Él los abusaba verbalmente a ella y a los niños, sin embargo, deseaba que él volviera.

Luego siguió contándole sobre su profundo dolor, desde su matrimonio hecho trizas a la pérdida de su empleo a la gripe que se había pescado su hijo, que era la razón por la cual ella estaba allí comprándole un medicamento. Todo lo que pudiera andar mal en la vida de esta mujer, andaba mal.

Por fin, le llegó el turno a Shirley de pagar. Pero antes de irse, le pidió el nombre a la mujer y le prometió que iba a estar orando por ella. Con su bolsa de comestibles, fue hasta el coche, puso la bolsa en el asiento de atrás y se sentó detrás del volante.

—¿Por qué tardaste tanto, Mamá?, —le preguntó su hijo con toda inocencia.

La sensible Shirley lo miró y comenzó a llorar.

Su hijo estaba asombrado ante su emoción.

—Mamá, ¿qué ocurrió allí dentro?, —le preguntó.

Entre sollozo y sollozo, ella le relató la historia de la mujer de la tienda, no dejando de sonarse la nariz durante el proceso. Cuando finalmente terminó su relató y se secó las lágrimas, su hijo sacudió la cabeza y le dijo: "Mamá, *por favor.*"

No todos los golden retrievers son tan sensibles hasta el punto de no esconder su pena por los demás, pero todos la sienten en su corazón. Dios les ha dado una sensibilidad increíble.

Una buena amiga nos contó una clásica historia de golden retriever. Julia es una persona cálida y atractiva que tiene uno de los corazones más generosos que hayamos visto jamás. No nos sorprende que la gente se aproveche de su bondad. Varios años atrás, ella había sentado a escuchar a una vecina que le contó su triste historia de cómo se había tenido que mudar repentinamente de su casa en Iowa a Arizona, con un esposo que no la amaba. De todo lo que ella tuvo que dejar atrás, lo que más extrañaba era su piano.

Mientras la vecina de Julia le contaba lo mucho que le significaba su piano, Julia se sintió conmovida y tuvo una idea. Ella no estaba usando su piano. ¿Por qué no permitir que esta pobre vecina lo usara? Quizás la música disolvería algunos de los problemas que estaba enfrentando.

Julia no sólo le prestó el piano, ¡sino que incluso le ayudó a la vecina a empujarlo por la acera hasta su casa! El pequeño sacrificio de no tener el piano durante algunas semanas no le dolería demasiado. Pero tenía la esperanza de poder ayudar a su vecina.

Pasaron varias semanas, y Julia no escuchó nada de su amiga. De modo que decidió visitarla. Así que caminó por la calle rumbo a la casa de la mujer; o hacia lo que *solía* ser su casa.

En el breve lapso de tiempo desde que Julia le había prestado su piano, el esposo de esta mujer se había divorciado de ella, ¡y ella había regresado a Iowa! ¡Con ella se había ido el piano que el padre de Julia le había regalado cuando ella había cumplido trece años! (A la larga lo recuperó, aunque con una pata rota.)

La mayoría de los golden retrievers no nos darán su piano, pero sin duda nos darán la camisa.

A lo largo de los años, yo (Gary) he aprendido a aceptar como verdad bíblica cuando Norma me dice: "Ay, Greggie está sufriendo" o "Me doy cuenta de que a Kari no le fue bien hoy en la escuela". Quizás yo acabo de verlos a Greg o a Kari, ¡y los haya visto de lo más bien! Pero sin duda alguna, mi esposa golden retriever es tan sensible que puede percibir el dolor subyacente en la vida de nuestros hijos.

Tendríamos que notar aquí mismo que la sensibilidad tiene dos caras. *El mismo corazón misericordioso que puede detectar el dolor ajeno puede verse fácilmente herido por los demás.*

Si tienen hijos que sean golden retrievers, ellos les darán tanto apoyo que, si los dejan, se harán cargo de ustedes. Pero no les permitan llevar todo el peso de los problemas de la familia sobre sus hombros.

Una de las maneras cariñosas en que podemos convivir con los golden retrievers no es envolviéndolos entre algodones sino reconociendo que ellos pueden ser heridos con mayor facilidad que las demás personalidades. Para el espíritu de un golden retriever, las palabras que son como una piedrita emocional para un león, puede resultarles como una roca de 10 libras. Una de las maneras en que podemos honrarlos es respetando su profunda capacidad de cariño y su facilidad para verse heridos.

El mismo corazón misericordioso que puede detectar el dolor ajeno puede verse fácilmente herido por los demás.

Lealtad, relaciones profundas, un fuerte deseo de complacer a los demás y una profunda sensibilidad interior. Ésta es una lista concreta de las cualidades de su carácter tierno. Pero para este valioso miembro del zoológico familiar, la lista continúa.

5. Los golden retrievers definen la palabra adaptable.

Daniel tenía el puntaje más alto posible en la escala de los leones, y en un clásico matrimonio de atracción a lo exactamente opuesto, se casó con Dana, una golden retriever de pura raza.

Con el correr de los años, Dana se convirtió en una experta en adaptabilidad. Una y otra vez, Daniel entraba a la casa y anunciaba: "Muy bien, escuchen todos. Nos vamos a pasar el fin de semana a la cabaña, ¡y partimos ya mismo!" Mientras los chicos vitoreaban, Dana tenía que hacer maravillas para empacar todo lo que necesitaban para la imprevista excursión de fin de semana.

Otras veces, Daniel tenía un día libre en su empleo de construcción o tenía una semana libre entre un trabajo y otro. A menudo, cuando esto ocurría, Dana llegaba a casa del trabajo y se lo encontraba trabajando en la casa, ya que estaba aburrido.

Ella entraba y encontraba que Daniel había volado una de las paredes del dormitorio para agregar un armario, o que su cocina estaba siendo remodelada. "Ay, Daniel", decía ella, cuando se daba cuenta de que tendría que adaptarse a vivir durante semanas en medio de un proyecto de construcción en la casa.

Además, ella tenía que ser flexible con el horario de verano de Daniel. Con el ardiente calor en Texas, Daniel salía para la obra en construcción a las cuatro de la mañana y esperaba estar en la cama a las cuatro de la tarde. Eso significaba que ella tenía que comenzar a prepararle el desayuno a las tres y media de la madrugada y mantener a los niños callados durante la tarde para que Daniel pudiera dormir.

El ser adaptable era una virtud que la ayudaba a Dana a mantener una cierta armonía en el hogar. Pero sabemos que, para algunas personas, esta cualidad positiva de los golden retrievers puede convertirse en una terrible flaqueza.

En los capítulos venideros, donde estudiaremos cómo desarrollar el amor firme, habremos de mencionar un concepto que está atrayendo mucha atención estos días llamado *codependencia*.[18] En breves palabras, este término se refiere a alguien que le permite a alguien hacer algo, pero no en el sentido normalmente positivo. Estos facilitadores son, por ejemplo, la esposa que "protege" a su esposo alcohólico mintiendo a su jefe sobre la razón por la cual él no pudo ir a trabajar, o el hijo que permite que su madre continúe el dominio tiránico sobre su propia esposa y familia no queriendo nunca enfrentarla con firmeza.

Si ustedes son un golden retriever cuya virtud de adaptabilidad ha sido llevada a un extremo, corren el peligro de verse enfrentados a un grave y doloroso problema. Ésa es la razón por la cual los instamos a leer y aprender cómo dar *ambos* aspectos del amor a las personas en su hogar.

Hasta aquí hemos visto cinco de las características de los golden retrievers. Pero ellos poseen dos rasgos que suenan como excepciones a la regla de amar con ternura. Lo primero que observaremos es que, a pesar de que son muy adaptables por fuera, el costo interior es inmenso.

6. *Los golden retrievers a menudo reaccionan a los cambios súbitos.*

Si tienen a alguien que posea fuertes rasgos de retriever en su casa, permítanos darles cuatro palabras que pueden ayudarlos a fortalecer su relación mejor que nada. Las cuatro palabras son: Prepárenlos para el cambio.

Los leones y las nutrias aman el cambio. No ven el momento de cambiar algo, aun cuando no sea más que por la simple razón de poner su marca sobre ello. Ésa es la razón por la cual estos individuos tienen tantos problemas para pedir comida de un menú. Ellos desean sustituir un sustituto por su sustituto. ¡Y los meseros se vuelven locos!

Sin embargo, los leones y las nutrias no sólo cambian la selección del menú. Sin previo aviso, son absolutamente capaces de realizar grandes cambios en su vida: como venir a casa y decir: "Cariño, ¿adivina a dónde nos mudaremos?", o "Adivina qué empleo tomé hoy". Y cuando le hacen esto a las personas con las que tienden a casarse con mayor asiduidad, los golden retrievers, con frecuencia ven algo inesperado: los dientes de su cónyuge expuestos detrás de un gruñido.

Cuando los golden retrievers no forman parte de una decisión, sus sentimientos y profundo sentido de justicia se sienten heridos. Además, el tener que estar de acuerdo con algo que no hayan discutido previamente, les da la sensación de que los demás los están usando. Por lo general, debido a su fuerte sentido de lealtad, coincidirán con los demás, pero para poder hacerlo tienen que pagar un alto precio emocional.

Unas pocas páginas antes, mencionamos lo agradecidos que estamos por Terry Brown, nuestro socio en el ministerio. Todos los meses, Terry tiene que viajar al lugar del seminario con dos súper nutrias: nosotros. Y todos los meses, se merece una medalla por soportar nuestra tendencia natural a cambiar las cosas.

Hace algunos meses, Terry finalmente alcanzó su punto de saturación. Él había soportado la manera en que convencemos a cada mesera para que nos prepare un pedido especial para todo, incluso las tostadas. A pesar de que se había tomado el tiempo para reservar un coche de antemano, no se quejó cuando cambiamos de compañía de alquiler apenas llegamos con el avión a la ciudad. Tampoco le importó demasiado nuestra costumbre de cambiar de hoteles de la misma manera en que la gente se cambia los calcetines. Pero cuando entramos en la sala del seminario una hora antes de que comenzara el programa y comenzamos a cambiar la ubicación y arreglo de la mesa de libros, ya no aguantó más.

Para nosotros, se trataba simplemente de la diversión de tener algo más para cambiar. Pero, para Terry, quien se había pasado horas tratando de adivinar cuál era el mejor lugar y la mejor manera de exhibir los artículos y luego armarlo todo, eso se convirtió en una afrenta personal. Nosotros no alcanzamos a ver el problema, o sea, no lo vimos hasta que cerramos su espíritu de tal manera que fue evidente que todos necesitábamos tener una larga conversación.

Terry había hecho todo lo posible para soportar todos los cambios súbitos, pero nuestro agrado por volver a arreglar las cosas lo estaba realmente deshonrando. Cuando nos dimos cuenta por fin del mensaje negativo que le habíamos enviado al cambiar la mesa de libros una hora antes del seminario, retrocedimos y le pedimos perdón.

Esas cuatro palabras: "Prepárenlos para el cambio" se convirtió en nuestro objetivo y nos llevó a realizar verdaderos cambios. Ahora, si viajaran con nosotros a la ciudad donde se habrá de llevar a cabo el seminario, podrían ver que no cambiamos el coche de alquiler sin hacérselo saber a Terry de antemano. Hemos aprendido también a decir: "Ésta es una idea de cómo nos gustaría cambiar toda la estructura del seminario; pero recién dentro de un año o dos. ¿Qué te parece, Terry?" Y hemos aprendido a permanecer en el mismo hotel por más de una noche.

¿Hemos dejado de utilizar un menú como punto de partida de las negociaciones? Bueno, ¡no somos perfectos! Pero, al menos Terry sabe que estamos *tratando* de honrarlo cuando lo preparamos antes de realizar algún cambio, y eso ha contribuido a consolidar nuestra sólida relación.

¿Tienen acaso un hijo o hija golden retriever que necesita tiempo adicional para pensar sobre una importante decisión o modificación en la familia? ¿Tienen un cónyuge que no necesita escuchar: "Adivina a dónde iremos esta noche", sino "Cariño, me gustaría que saliéramos mañana a la noche. ¿Qué te parece?"

De todos los animales en el zoológico familiar, los golden retrievers son a menudo los más fáciles de explotar. Su capacidad de amar profundamente a los demás hace que alguien pueda aprovecharse de su blandura. Eso no quiere decir, sin embargo, que ellos sean bombones emocionales.

7. *Los golden retrievers se atienen obstinadamente a lo que piensan que es correcto.*

A partir de lo que hemos dicho, no saquen la conclusión de que los golden retrievers son peleles. No hay duda de que son más blandos, tanto en actitud como en acción, que los leones. Sin embargo, muchos de ellos poseen una increíble fortaleza y valentía.

Tomemos como ejemplo un hombre de las montañas de Tennessee llamado Alvin York, que alcanzó su edad adulta durante la Primera Guerra Mundial. De una manera dramática, después de haber sido golpeado por un relámpago, conoció personalmente a Cristo. Como resultado, su vida realizó un giro de 180 grados y pasó de ser un hombre salvaje y rebelde a ser una persona totalmente dedicada a Jesús. Sin embargo, luego comenzó la guerra en Europa, la cual alcanzó las colinas de Tennessee y escogió a este recién transformado golden retriever como recluta.

York era un tiro al aire. Él había obtenido su fama en una tierra de tiradores de primera ganando todos los concursos de tiro de la zona. Había peleado y se había embriagado con los peores de ellos en la época anterior a su conversión, y había estado a punto de asesinar a un hombre que lo había engañado en un tratado de negocios.

No era un cobarde. Su miedo de ir a la guerra no superaba al de los demás. Pero ahora tenía que tomar en cuenta lo que decía la Biblia, y su verdadero temor a Dios era lo que lo obligaba a tomar una pausa. No podía negar que había versículos en la Biblia que le decían que era incorrecto matar, y antes de comprometerse seriamente con el ejército tenía que lidiar con ellos.

Cuando se presentó al campamento de entrenamiento de reclutas, York rápidamente ascendió al rango de cabo. Pero luchaba tanto con su conciencia, que el oficial a cargo lo envió de regreso a casa para que orara y tomara una decisión. Si regresaba y así lo solicitaba, le otorgarían la categoría de opositor a conciencia. Pero si regresaba con sus preguntas interiores contestadas, se uniría a los hombres que estaban aguardando para ser enviados al exterior.

Los golden retrievers irán todo el día detrás del líder que respeten. Pero si uno trata de presionarlos, no logrará ningún resultado. El oficial comandante de York sabía que este hombre rústico necesitaba tiempo para pensar. Enviar a este nuevo recluta a casa resultó una de las cosas más sabias que hizo en su vida.

Alvin York regresó de Tennessee convencido, tanto emocional como mentalmente, que tenía que unirse a la lucha de su país. Así que, armado con esta convicción, nada lo pudo ya detener. Es más, el 8 de octubre de 1918, en las trincheras de Francia, llevó a cabo una hazaña casi desconocida en las tácticas de guerra modernas.

York había recibido la orden de llevar una pequeña patrulla para hacer el reconocimiento de una hilera de guaridas de ametralladoras alemanas. Sin embargo, el enemigo detectó su avance y los atacaron con fuego de armas pequeñas y ametralladoras, atrapando efectivamente a York y sus hombres. Haciendo caso omiso de su seguridad personal, York se arrastró bajo el fuego hacia uno de los flancos y comenzó a disparar sin detenerse a las tropas enemigas.

Con su experta puntería, a medida que avanzaba por las trincheras de una guarida de ametralladora a otra, mató a veinticinco alemanes. Por último, desesperados, el siguiente grupo de soldados alemanes alzó sus manos, dándose por vencidos.

En el grupo que había capturado se encontraba un mayor. York le obligó a que ordenara a sus hombres a rendirse. Con casi treinta prisioneros a mano, York comenzó a caminar de regreso a las líneas de los Aliados.

Por el camino, otros soldados alemanes vieron las tropas que marchaban bajo la guardia de este solitario americano. La visión de un hombre liderando tantas tropas les hizo pensar que toda la línea había caído, así que ellos también comenzaron a rendirse a montones al Cabo York.

Cuando este hombre de las montañas de Tennessee finalmente llegó a los cuarteles generales americanos, ¡venía seguido de 132 prisioneros! Y, por el camino, había reclutado sólo otros 3 soldados para que lo ayudaran a traerlos a todos al cuartel.

El Cabo Alvin C. York fue ascendido a Sargento Alvin C. York, y recibió también la Medalla de Honor del Congreso por su valentía. El general francés, Ferdinand Foch, dijo sobre York: "La gallardía y coraje exhibido por el Cabo York no fueron superados por ningún soldado raso de todos los ejércitos de Europa".[19]

Si desearan revivir esta historia increíble y aprender más sobre la obstinada fortaleza de un golden retriever, les recomendamos que alquilen la película en video: *Sergeant York*, con Gary

Cooper en el rol principal. Cooper nos brinda una interpretación ganadora de un Oscar de un verdadero héroe cristiano. Es una de las pocas películas producidas por Hollywood que bien vale la pena mirar. (Otra, relatando la historia de un golden retriever, Eric Liddell, es *Carrozas de Fuego*.)

No hay nadie como los golden retrievers para atenerse a lo que consideran que es lo correcto. A menudo, ellos son los que arriesgan su vida para respaldar sus convicciones.

Hemos visto siete cualidades de primera que captan algo de lo que les transmiten los golden retrievers a los demás. Cada una de ellas los convierte en una parte valiosa de cualquier amistad, familia o situación laboral.

El ejemplo perfecto

A este punto, hemos observado a los cuatro animales del zoológico familiar y hemos visto que ellos forman dúos en lo concerniente a su inclinación hacia el amor firme o el amor tierno. Los leones y los castores tienden a ser estrictos con los problemas, pero suelen, a veces, ser estrictos con la gente también. Y las nutrias y los golden retrievers tienden a ser blandos con la gente, pero, demasiado a menudo, son blandos con los problemas que enfrentan también.

¿Existe alguna manera de tomar lo mejor de cada una de estas personalidades y mezclarlas en una sola persona? Lo hay para aquellos que buscan conformar sus vidas a la vida de su Salvador.

Jesucristo tenía todas las virtudes de un león. Era resuelto y un líder. Como el León de Judá, Él se enfrentó a las pruebas más difíciles. Pero era también un castor: hacía todo según las reglas y de manera perfecta, lo cual dio como resultado obras y palabras que permanecerán para siempre.

Además, Jesús tenía las virtudes de una nutria. Le encantaban las celebraciones (el primer lugar al que llevó a sus discípulos fue una boda) y motivar a los demás a la devoción. Se sentía cómodo con las multitudes e iniciaba el contacto con personas que nunca había visto antes. Sin embargo, era un golden retriever también: siempre yendo más allá de lo superficial con sus discípulos y seguidores, fiel a sus promesas y leal hasta la cruz.

¿Pero la vida equilibrada que refleja ambos aspectos del amor está solamente reservada para Cristo? ¿Qué ocurre con nosotros que tenemos pies de barro cocido?

En los cuatro capítulos que siguen a continuación, descubrirán veinte maneras de tener un mayor equilibrio en su amor por los demás. Primero, observaremos diez maneras en que las personas estrictas pueden añadir ternura a su vida. Luego abordaremos una tarea más difícil: examinaremos diez maneras en que la gente blanda le puede añadir una firmeza saludable a su amor.

No podemos ser Jesús. Pero somos llamados a ser como Él. *Cuando descubrimos cómo amar a los demás de la manera en que Él lo hizo, podremos acercarnos más a Él y a nuestros seres queridos.*

¿Están preparados para ver cómo su amor por los demás se convierte en algo mucho más fuerte y profundo que antes? Eso podría ocurrir cuando den vuelta la hoja y descubran un número de maneras prácticas de incrementar nuestro compromiso, afecto e intimidad con los demás.

♌︎

CAPÍTULO OCHO

Cómo Incrementar el Amor Tierno: Primera Parte

EXISTEN MUY POCAS COSAS que dañen más un hogar que el desequilibrio de uno de sus miembros. Es sorprendente ver que apenas un episodio de inclemencia puede debilitar al instante los vínculos que mantienen unida la familia. Eso fue lo que me ocurrió a mí (Gary) hace varios años atrás.

En el verano de 1982, Norma y yo habíamos empaquetado nuestras tiendas de campaña, trajes de baño, e incluso nuestros niños, para dirigirnos a uno de los muchos lagos en la zona de Chicago. Unos amigos de la iglesia, Charles y Pat, nos acompañaban con sus tres hijos, cuyas edades eran equiparables a la de los nuestros.

Armamos las carpas sobre una elevación cubierta de césped con vista a una playa estrecha junto al lago. La primera mañana, después del desayuno, Greg y Mike se unieron con los hijos varones de nuestros amigos y partieron para explorar la costa. El resto nos quedamos a lavar los platos y preparar el almuerzo.

Después de ordenar el campamento, nos fuimos a la playa para bañarnos y tomar sol. El aire ya estaba cálido y algo húmedo. Nos metimos en el agua que, para nuestra sorpresa, estaba bastante fría, y nos preparamos para bucear.

Recuerdo que, mientras me ajustaba la máscara de buceo, miré hacia la playa donde se encontraban nuestras familias. Nada podría haber tenido una apariencia de mayor calma y tranquilidad. Charles y su esposa e hija estaban acostados sobre sus mantas sobre la arena. Y, a su lado, Norma y mi Kari estaban ya ubicadas, colocándose loción para broncearse.

Con todo el mundo aparentemente en calma, aspiré una honda bocanada de aire y me sumergí debajo del agua. Después de permanecer allí el mayor tiempo posible, regresé a la superficie, soplé para quitar el aire del tubo de mi máscara de buceo y nadé tranquilamente en un círculo por unos pocos minutos. Al alejarme de la costa, me di cuenta de que el lago era allí más profundo. Me entretuve mirando las algas, verdes y ondulantes, y unos pocos peces que pasaban fugaces debajo de mí.

Cuando completé el círculo y regresé a la parte menos profunda del lago, me puse de pie, me quité la máscara y me froté los ojos. Fue entonces cuando miré hacia la costa y vi una escena totalmente diferente a la que había contemplado unos minutos atrás.

Cuando me había sumergido, todo tenía el aspecto de una escena calma, tranquila, relajada. Ahora parecía una escena tomada de una película de terror.

Charles y su hija de diez años estaban al borde de la arena, gritándose el uno al otro. Luego la escena se puso aún peor. En lo más ardiente de la batalla, cuando su hija se negó a hacer algo que él le pedía, Charles la abofeteó con el revés de la mano, lo cual hizo que ella se cayera de espaldas en el agua.

La esposa de Charles y Norma se pusieron histéricas, gritándole a él y corriendo a ayudar a la niña. En un instante, un padre enojado y estricto había hecho trizas el fin de semana tranquilo que estábamos todos disfrutando, además de su relación con su hija.

El lado oscuro del amor estricto

Cuando ocurrió ese incidente, me di cuenta de que jamás había conocido a nadie más duro con la gente, en especial su familia, que mi amigo Charles. Pero lo que ocurrió esa terrible mañana se convirtió en una de las claves que obligó a Charles a añadir dulzura a su vida. Como resultado de la confrontación que siguió a continuación, Charles no sólo se disculpó con todos los presentes, sino que finalmente tomó los pasos necesarios para recibir ayuda.

Durante muchos años, él concurrió a grupos pequeños de apoyo, donde comenzó a ocuparse de los problemas de su pasado: sus padres lo habían abandonado y había sufrido mucho abuso en manos de la familia que lo había adoptado. Llevó mucho tiempo, muchas lágrimas de vergüenza y de doloroso enfrentamiento con la verdad, pero finalmente pudo darse cuenta de que su ira presente era su problema, y no algo que podía justificar, culpando a sus padres o su pasado.

Mediante el doloroso proceso de enfrentarse a la verdad, Charles comenzó a cambiar. De hecho, cambió tanto que ha aprendido a comunicar las cosas incluso más difíciles a su hija con el lado tierno de su amor.

Hasta las personas más estrictas pueden aprender

Ese día en el lago, Charles había golpeado a su hija por contestarle y no aceptar su consejo. Siete años más tarde, él se sentó con ella para conversar sobre algo que era potencialmente explosivo.

A los diecisiete años, su hija, como la mayoría de las jovencitas, estaba deseando salir con chicos. Un muchacho de su colegio había estado conversando bastante con ella y estaba interesado en que salieran juntos. Sin embargo, no sólo no era cristiano, sino que se había ganado además la reputación de ser uno de los chicos más salvajes de la escuela.

En el pasado, si su hija hubiera sacado el tema de salir con semejante muchacho, él lo habría prohibido. Pero en los últimos siete años, había aprendido mucho. Había descubierto que tener un solo lado del amor no es suficiente como para sostener una relación, ni para lograr que crezca. Además, sabía que, si deseaba cambiar a los demás, era mucho más poderoso añadir ternura a su amor que todas sus lecciones llenas de ira combinadas.

Sabiendo esto, Charles la invitó a su hija a salir a cenar con él (algo que ahora ocurría con mucho mayor frecuencia). Durante la cena, él realizó algo que conmovió profundamente a su hija. Sus ojos se llenaron de lágrimas, pero esta vez se debía a algo diferente. En esa reunión, en vez de palabras llenas de ira, él utilizó una tierna imagen verbal para poder comunicar su preocupación. (Como hemos señalado en nuestro libro: *El lenguaje del amor,* las imágenes verbales emocionales son la mejor herramienta que conocemos para transmitir palabras firmes o tiernas directamente al corazón del oyente.)

Charles le dijo que ella era como un precioso diamante para él. Y, tal como harían con una piedra preciosa, él y su mamá estaban tratando de mantenerla protegida hasta el día de su boda. Prosiguió diciéndole que él oraba todos los días, pidiéndole a Dios que ella encontrara la clase de jóvenes que se dieran cuenta de su valor y que no hicieran nada para restarle brillo al precioso diamante.

Hizo todo lo necesario para cerciorarse de que ella supiera que él no ponía ninguna objeción a que saliera con chicos. Enumeró la lista de rasgos que estaban de acuerdo que deberían ser parte constante de su vida antes de que ella comenzara a salir. Luego le dijo que ella poseía cada uno de ellos y que ya estaba lista para ponerse de novia.

Lo que le preocupaba no era que ella no estuviera lista, sino el carácter del muchacho que la estaba invitando a salir. Permitirle que saliera con él, sería lo mismo que darle un preciado tesoro a alguien que tuviera la intención de ponerlo sobre el piso para pegarle con un enorme mazo hasta destruirlo.

Cuando Charles finalizó su relato, ella estaba tan conmovida por la imagen del amor de su padre y vio tan claramente la razón por la cual le decía que no, que ni siquiera lo discutió. Estuvo de acuerdo en que este joven no era la clase de persona con la que quería salir, ¡y terminó teniendo con él una charla muy significativa sobre el Señor!

Charles continúa siendo un perfeccionista y su disciplina sigue siendo férrea. Es aún severo con los problemas. Pero ahora, al relacionarse con su hija y con los demás, ha aprendido a añadirle ternura al lado firme de su amor. Ha aprendido a decir las cosas sin levantar la voz ni apuntar con el dedo.

El secreto de la ternura

Incluso para la gente tan estricta como Charles, nunca es demasiado tarde para aprender el secreto de cómo ser más blando. No es necesario que uno nazca con un espíritu tierno para aprender a exhibirlo.

Como hemos señalado en el capítulo 2, nadie es tierno por naturaleza. Pero hemos aprendido a esforzarnos por lograrlo. En el desarrollo de nuestro lado tierno, así como en las situaciones donde aconsejamos a los demás, hemos descubierto que existen diez métodos que, si los ponemos en práctica, pueden ayudarnos a añadir la ternura de Cristo a nuestra vida. Juntos, estos métodos pueden comenzar a quitarle el filo a las personalidades duras y ayudarnos a acercarnos más que nunca a los demás.

Si el puntaje que han obtenido en las escalas del castor o del león ha sido elevado, los siguientes dos capítulos pueden resultarles de gran utilidad. La intensidad y empuje que demuestran casi todos los leones, y la reserva emocional y deseo de hacer las cosas según las reglas que comparte la mayoría de los castores son, sin duda, virtudes. Sin embargo, para los demás animales en el zoológico familiar, ellos pueden a menudo proyectar una dura distancia.

Si deseamos poder comunicar verdaderamente nuestro afecto a los demás, es importante que comprendamos qué es lo que equilibra los dos lados del amor. Teniendo eso en cuenta, para añadir ternura a nuestra vida, tenemos que aprender a realizar lo siguiente.

1. Abordar los "puntos de congelamiento" emocional del pasado.

En consejería hemos visto, una y otra vez, que el causante del desequilibrio de las relaciones en el presente de la persona es algo que ha ocurrido en el pasado. Cuando llegamos al meollo de sus problemas, nos damos cuenta de que el libre fluir del amor equilibrado está bloqueado por lo que llamamos un punto de congelamiento emocional.

Los puntos de congelamiento emocional reflejan un evento único o una temporada de acontecimientos que hacen que la persona únicamente pueda brindar un solo aspecto de su amor.

Los puntos de congelamiento emocional reflejan un evento único o una temporada de acontecimientos que hacen que la persona únicamente pueda brindar un solo aspecto de su amor. Consideremos lo que le ocurrió a Bárbara.

Un cierto día, su padre, Jaime, estaba sentado en su escritorio en el trabajo. Ya era tarde; era hora de regresar a casa. Pero ese día, eso no era lo que ocupaba la mente de Jaime. En cambio, con mano temblorosa, tomó el auricular de su teléfono.

La llamada duró apenas dos minutos. Sólo tuvo que discar siete números, pronunciar una pocas palabras muy bien pensadas, y listo, había logrado lo que tanto deseaba. Cuando cortó, suspiró aliviado y luego tomó su abrigo.

En su mente, él había simplemente cerrado el libro de una mala historia que había estado viviendo durante demasiado tiempo. Sin embargo, del otro lado de la línea, era como si hubiera explotado una bomba de tiempo...

Bárbara estaba comenzando los preparativos para la fiesta de aniversario que tendría lugar esa velada. Tomó los hermosos cubiertos de plata que estaban debajo de los manteles en el armario y comenzó a lustrarlos sobre la mesa del comedor. Con las manos ocupadas en esa tarea, permitió que su mente regresara a las muchas imágenes que plagaban su memoria.

El padre de Bárbara jamás la había abusado físicamente. Pero, de una manera u otra, sus palabras críticas e hirientes la habían golpeado tan duro como los golpes que le podría haber propinado.

Bárbara sacudió la cabeza como tratando de aclarar su mente de todas esas imágenes y emociones negativas que inundaban sus pensamientos. Éste no era el día adecuado para estar pensando en esas cosas. A pesar de todos sus problemas, sus padres habían estado casados durante veinticinco años.

¡Era su aniversario! Pronto llegarían unos pocos amigos y familiares para una pequeña pero cuidadosamente planeada cena. Cuando terminó de colocar las últimas decoraciones, tuvo que sonreír. *Al menos*, pensó, *permanecieron juntos*.

Ese único hecho positivo había sido siempre su aliciente. Su voluntad de permanecer casados había actuado como un ancla que le había ayudado a surcar las tormentas emocionales que había visto azotando a diario su matrimonio. Lo que no sabía era que el frágil cable que sostenía su compromiso estaba a punto de cortarse.

No era inusual que el padre de Bárbara llamara desde su trabajo para avisar que llegaría tarde. Es más, sabiendo que los invitados estaban por llegar en cualquier momento, cuando ella vio que su madre acudía a responder el teléfono, supo que, probablemente, se trataba de él. Lo que desconocía era que ese llamado no era la reacción espontánea de su padre al ver qué hora era. Él había estado planeando durante meses lo que diría y el momento en que lo haría.

A pesar de que Bárbara no podía escuchar la conversación desde la otra habitación, no tardó en darse cuenta de que algo trágico estaba ocurriendo. Después de algunos momentos de silencio y de oraciones interrumpidas, su madre finalmente dio un grito entrecortado y se desplomó en un sillón junto al teléfono. Le corrían lágrimas por las mejillas.

—¿Qué ocurre, Mamá? ¿Qué pasó? —gritó Bárbara, corriendo por el pasillo hacia su madre. Cuando ésta no le respondió, le dijo aún más fuerte: "¡Dime qué ocurre!"

Tomando el auricular que colgaba de la mano de su madre, gritó: "¿Quién es? ¿Qué está ocurriendo?" La única respuesta que recibió fue el tono de discado, impersonal e irritante.

—Mamá, —le dijo, tomándola del brazo—, ¿qué ocurrió?

—Era tu padre, —le contestó su mamá con una voz que era apenas un susurro—. No estará presente en la fiesta. Él no regresará a casa; nunca más lo hará.

—Mamá, ¿por qué? —le preguntó Bárbara, tratando de encontrarle algún sentido a lo que acababa de ocurrir.

—Me deja por otra mujer, —dijo su madre en estado de shock—. Y quiso esperar al día de hoy para decírmelo.

En dieciocho años, Bárbara jamás había visto a su madre perder los estribos. Pero esa noche, cuando se levantó del sillón y se encaminó a su dormitorio, la madre de Bárbara se detuvo junto a la mesa del comedor, alegremente decorada para las festividades.

Con un golpe feroz, arrojó al aire el hermoso centro de mesa: un enorme florero de cristal lleno de agua y veinticinco rosas de tallo largo. Conmocionada por lo que acababa de hacer y abrumada por sus emociones, corrió llorando hacia su habitación, cerrando la puerta de un golpe.

El florero de cristal hecho trizas era la imagen perfecta del mundo de Bárbara. Esa noche, cada vez que sonaba el timbre de la puerta, ella tenía que volver a revivir y relatar el dolor de la llamada de su padre a los invitados preocupados y consternados. Y cada día a partir de ese momento, mientras su madre pasaba por un horrible divorcio que no deseaba, se le rompía el corazón en pedazos.

¿El final de la historia? Así lo desearíamos. Pero una tragedia final nos transmitió el mensaje con puño de hierro.

Cuando Bárbara nos relató lo que su padre había hecho, miraba hacia el pasado. En vez de tener dieciocho años, ella tenía ahora treinta y cuatro, estaba casada y ejercía una carrera muy prometedora.

En una reunión para mujeres profesionales donde yo (John) estaba enseñando los conceptos que se encuentran en este libro, Bárbara se me acercó con lágrimas en los ojos. "Mientras que usted hablaba, me di cuenta de algo importante", me dijo. "La noche que mi padre llamó a casa y dijo que se marchaba, yo tomé una decisión. La miraba a mi madre en su dormitorio, llorando y viendo como todo su mundo se caía a pedazos".

"En ese momento, me dije a mí misma, *Jamás, jamás voy a permitir que alguien me trate como mi padre ha tratado a Mamá.* Pero lo que estaba realmente diciendo era: *Nunca seré blanda como mi madre.* Nunca dejaría que nadie se me acercara y me hiriera de esa manera".

Trágicamente, la decisión de Bárbara de bloquear completamente el aspecto tierno de su amor fue llevada a cabo con absoluta precisión. Con lágrimas en sus ojos, me dijo: "Ahora, después de ocho años de casada, ¡mi esposo me acaba de dejar! Después de su charla, comprendo por qué. Él me lo dijo cientos de veces. Soy demasiado dura con él. Pero, después de lo que le ocurrió a mi madre, nunca pude ser tierna con él ni con nadie a quien ame".

Ésta es sólo una de las historias de las muchas que podríamos haberles relatado sobre los recuerdos traumáticos de la vida de un niño que hace que esa persona ame a los demás a medias. Hemos visto puntos de congelamiento emocional causados por un divorcio, muerte en la familia, malos tratos físicos, una mudanza difícil, no poder ingresar en una profesión en particular, o alguna otra situación que hubiera bloqueado un aspecto del amor.

Pero los puntos de congelamiento emocionales no pueden rastrearse siempre a un solo acontecimiento. En la situación de Charles (al comienzo de este capítulo) fue una temporada de tragedias lo que congeló su capacidad de dar el aspecto tierno de su amor.

La madre de Charles lo había dejado a él y a su hermano en un orfanato cuando tenía cinco años porque "no podía manejar el estrés" de criarlos. Tanto en el orfanato como en los diversos hogares de acogida, sufrió terribles abusos. La ausencia de su madre y cada nuevo incidente de malos tratos dejaron como secuela una gran ira sin resolver en su vida, congelando cada vez más su corazón y bloqueando su capacidad de dar y recibir amor tierno.

Si ustedes luchan por dar uno de los aspectos del amor a los demás, especialmente el lado tierno, comiencen por tomar dos pasos hacia atrás y mirar de cerca su pasado. Como ayuda para que puedan realizarlo, háganse estas preguntas:

• ¿Vieron un equilibrio entre el lado tierno y el lado firme del amor en su hogar? Si no, ¿hacia cuál de los dos extremos se inclinaba?

• ¿Tienen noción de alguna situación específica o temporada en el pasado de sus padres que les pueda haber impedido darles ambos aspectos del amor?

• ¿Creen que les están dando a sus hijos los mismos aspectos del amor que ustedes recibieron de sus padres? ¿Esto los complace o los preocupa?

• ¿Pueden recordar un momento específico en el cual tomaron la decisión interior de no ser tiernos o firmes con los demás? ¿Qué los impulsó a tomar esa decisión?

• ¿Cómo describían a Dios en sus hogares cuando eran niños? ¿Recibieron una imagen equilibrada de Él, o era sólo un Dios tierno y lleno de misericordia o un Dios estricto y sentencioso? ¿Cómo les ha afectado esta imagen del pasado la opinión que tienen de Dios hoy?

Quizás ahora, como Charles y Bárbara, ustedes puedan identificar una situación o temporada que los haya llevado a tomar la decisión interior de bloquear un aspecto del amor. Si presienten semejante bloqueo en su vida, necesitan investigar un poco su pasado.

Cuando enfrentamos nuestro pasado con honestidad, comenzamos a desatascarnos de los puntos de congelamiento emocionales. Si nuestra lucha por amar a los demás con todo el corazón en el presente proviene de una reacción del pasado, existe un número de recursos que nos pueden ayudar a profundizar y obtener nuestra libertad. Tómense el tiempo necesario para observar cuáles son algunos de estos recursos en la sección de Notas al final del libro.[20] Además, ustedes pueden aplicar las nueve maneras restantes para añadir ternura a su vida.

2. Reconocer que ciertas tendencias de la personalidad pueden erigir barreras al amor tierno.

Lo que más desean las mujeres, según lo que escuchamos por todo el país, es intimidad en el matrimonio. Ellas anhelan una conexión íntima con su esposo, sobre todo cuando se trata de compartir sus sentimientos, necesidades, penas y deseos. Sin embargo, a partir de la manera diferente en que las cuatro personalidades básicas perciben la distancia y la intimidad, puede existir una barrera natural que reprima el amor tierno.

Los leones y castores (y especialmente aquellos que tengan un puntaje alto en ambas escalas) comparten ciertas características. Por ejemplo, a ambos les agradan los logros y asegurarse de que todo se haga de manera correcta. En muchos casos, se sientes más cómodos con la distancia que con la proximidad. ¿Qué queremos decir con esto?

Por diversos motivos, los leones tienden a crear distancia en las relaciones. Para algunos, la tendencia proviene de su aversión, incluso miedo, a que los demás los controlen. A los leones les gusta estar a cargo de todo. Saben también que cuanto más compartan de ellos mismos u otorguen el derecho de opinar a los demás, tanto menos podrán determinar el resultado de una conversación o de una decisión.

En sus relaciones, el mantenerse distantes les da gran poder. Por lo general, la persona que actúa como menos comprometida es la que tiene mayor poder. Para comprender mejor lo que queremos decir, traten de recordar los primeros años del colegio secundario.

¿Recuerdan en séptimo grado, la jovencita que era cinco pulgadas más alta que la mayoría de los varones pero que, a pesar de ello, les robaba el corazón? Quizás era su perfume o su nariz respingada. Fuera cual fuera la razón, cuanto más difícil resultara llamar su atención, tanto más se empecinaban los muchachos por lograrlo. Mientras ella se mantuviera impasible ante sus avances, ellos se mantenían alerta. Esa distancia los mantenía constantes en sus intentos por complacerla, gastando todo su dinero en tarjetas y regalos que ni siquiera le agradaban.

Si sumamos el deseo de los leones por el poder, su natural intensidad interior y su falta de miedo a los enfrentamientos es fácil ver la razón por la cual tienen esa apariencia tan sólida y majestuosa. Pero para los seres queridos que estén tratando de acercarse a ellos, pueden parecerles aislados en su propia tierra rodeada por vallas, lejos de todo contacto personal.

En pocas palabras, los leones se sienten cómodos con la distancia emocional porque les da poder para lidiar con los demás. Por desgracia, esa distancia puede, a veces, convertirse en un golfo emocional imposible de atravesar por aquellos que deseen una relación íntima.

Los castores también pueden comunicar un alto grado de distancia emocional, lo cual puede, a su vez, transmitir una falta de apego y calidez. Sin embargo, el oxígeno que anhelan tiene que ver con su naturaleza meditabunda y su profundo deseo de realizar las cosas de manera correcta.

No hay duda de que su inclinación hacia el análisis es una gran virtud. Sin embargo, si este talento carece de equilibrio, ellos pueden fácilmente poner a los demás en apuros con sus preguntas, obligándolos a retraerse. Incluso, su cautela y discreción emocional puede ser lo mismo que llevar un letrero que diga: "En este momento estoy demasiado ocupado para hablar contigo" o "Necesito mi espacio, de modo que no te acerques ni un centímetro más".

Aún más que los leones, los castores se siente cómodos con la distancia en las relaciones. Hace poco, una mujer llamada Sandra nos dijo que después de más de veinte años de matrimonio, estaba lista para tirar la toalla. Ella y su esposo Felipe habían llegado al punto de no dirigirse más de diez palabras por día. Ella no sólo deseaba conversar más, sino que también anhelaba su presencia.

Cuando hablamos con Felipe, éste nos dijo que no existía ninguna otra mujer ni tampoco un trabajo exigente. Era sencillamente un castor radical que *disfrutaba* de la distancia que existía entre ellos. Le gustaba estar con su esposa, pero no estar cerca de ella. Le gustaban además los largos períodos de silencio y se sentía amenazado cuando ella hacía cualquier esfuerzo por acercarse.

Todos necesitamos un cierto grado de distancia de los demás. Pero los castores que estén fuera de equilibrio pueden comunicar, aun cuando no sea intencionalmente, una actitud distante, una falta de necesidad de los demás y una rigidez que, de manera tácita, aleja a todos.

Sin embargo, ¿con quién suelen casarse los estrictos leones y castores y quiénes suelen ser sus hijos? Así es, las dulces nutrias y golden retrievers. *Y el deseo natural de las nutrias y los golden retrievers de acercarse a los demás es tan fuerte como el deseo que tienen los leones y los castores de alejarse.*

Las nutrias pueden fácilmente compartir su corazón con la gente, incluso con aquellos que no los conozcan muy bien. Algunas nutrias son capaces de hacerse amigas de personas desconocidas en un ascensor, siempre y cuando el trayecto dure más de tres pisos. Y los golden retrievers tienen un deseo aún mayor de conectarse íntimamente con los demás. Según su opinión, ninguna relación que permanezca en la superficie puede ser exitosa.

En muchos hogares, lo que esto significa es que hay una carrera entre las nutrias y los golden retrievers que desean conectarse íntimamente con su cónyuge, mientras que los leones y los castores los ven venir y se retraen con la misma rapidez que ellos.

¿Qué tienen que ver la distancia y la cercanía con el desarrollo del aspecto tierno del amor? Si la gente no permite que los demás se acerquen a ellos, tanto física como emocionalmente, casi nunca lograrán comunicar el lado blando de su amor.

No nos es posible relatarles cuántos son los hijos ya adultos que anhelaban de niños que sus padres se acercaran a ellos. En consejería, casi todas las semanas vemos a un esposo o esposa que han estado intentando durante años atraer a la otra persona hacia la relación y no lo han logrado.

El deseo natural de las nutrias y los golden retrievers
de acercarse a los demás es tan fuerte como el deseo que tienen
los leones y los castores de alejarse.

Sin embargo, existe una manera de detener esta danza de distancia y cercanía, reduciendo la brecha entre la gente y ayudándolos a obtener esa intimidad que necesitan para poder tener una sólida relación. Lo primero es tener una imagen clara de la distancia o cercanía presente entre ustedes y los demás.

Tomen un momento para responder a las preguntas más abajo. Ellas los ayudarán a ver cuán cerca o lejos están de los demás. Luego compartan los resultados con su cónyuge.

Encuesta de distancia y cercanía de Smalley y Trent

Respondan las siguientes preguntas pensando en alguno de sus seres queridos en particular (por ejemplo: su pareja, hijos, amigos íntimos, padre o madre). Coloquen en el espacio en blanco un número entre el 1 y el 4, indicando su respuesta a cada pregunta de la siguiente manera:

1 = nunca   3 = a menudo
2 = casi nunca   4 = siempre

Con sus seres queridos, ustedes…

- ¿Les dan la libertad de hacerles preguntas sin reaccionar o ponerse a la   defensiva? _____

- ¿Buscan escuchar sus verdaderos sentimientos interiores sin burlarse de ellos? _____

- ¿Expresan libremente sus propios sentimientos y pensamientos interiores? _____

- ¿Conocen claramente sus ideas y planes para el futuro? _____

- ¿Controlan sus modales diarios para no ofenderlos? _____

- ¿Planean su agenda de manera que los incluya? _____

- ¿Se alegran cuando ellos regresan de un viaje? _____

- ¿Les dicen "te quiero" con frecuencia y sin condiciones? _____

- ¿Comparten sus problemas y éxitos personales? _____

- ¿Se ríen a menudo? _____

- ¿Concurren activamente o respaldan sus pasatiempos o eventos deportivos? _____

- ¿Los abrazan o besan con regularidad? _____

- ¿Buscan y valoran sus opiniones sobre los asuntos de la familia primero? _____

- ¿Oran con ellos y por ellos a menudo? _____

- ¿Se mantienen bien vestidos y arreglados? _____

- ¿Fortalecen su confianza siendo constantemente honestos con ellos? _____

- ¿Los escuchan con atención bajando el periódico, apagando el televisor o levantando la vista mientras cocinan? _____

- ¿Les permiten que tomen prestado sus cosas? _____

- ¿Les sonríen con asiduidad? _____

• ¿Buscan su perdón inmediatamente después de haberlos ofendido? _____

• ¿Concurren juntos a la iglesia a menudo? _____

• ¿Mantienen guardados sus secretos si ellos así lo desean? _____

• ¿Guardan sus promesas? _____

• ¿Muestran un verdadero interés en sus amigos y parientes? _____

• ¿Actúan con alegría y estímulo? _____

• ¿Hacen un verdadero esfuerzo por ser puntuales? _____

• ¿Controlan su tono de voz? _____

• ¿Ayudan con las tareas de la casa? _____

• ¿Respetan su propiedad personal? _____

• ¿Evitan usar apodos negativos? _____

El puntaje más alto que pueden obtener en esta encuesta es 120; el más bajo es 30. Si ustedes se encuentran en el tercio superior de la gama (entre 90 y 120), pueden estar suficientemente seguros de que sus seres queridos perciben su apego y cercanía. Si se encuentran por la mitad, quizás tengan que preguntarle a sus seres queridos cuán conectados los perciben. Sin embargo, nuestra experiencia en consejería nos indica que si su puntaje se encuentra en la parte inferior de la escala (45 puntos o menos), *su independencia de los demás la perciben como una distancia malsana.*

Por favor, comprendan que existe un grado saludable de distancia emocional. Algunas familias son tan apegadas que si uno de los miembros estornuda, todos buscan un pañuelo para sonarse la nariz. La gente necesita suficiente independencia como para poder estar por sí solos de pie. Pero en el matrimonio y como padres, necesitamos estar lo suficientemente cerca, tanto física como emocionalmente, como para poder comunicar calidez y amor.

¿Cuál es la respuesta al problema de la distancia en nuestras relaciones? ¿Es acaso decir: "¡Yo soy así! Soy distante por naturaleza. Mis padres no eran cariñosos. Mis abuelos tampoco lo eran, como tampoco mis bisabuelos"?

Por supuesto que no si lo que deseamos es darles a los demás los dos lados del amor que tanto necesitan, o si deseamos reflejar el amor de Dios.

Sabemos que puede resultarnos difícil abandonar la comodidad protectora de la distancia emocional. Nos puede dar miedo acercarnos a los demás, sobre todo si hemos sido heridos en el pasado. Pero mantener a los demás alejados puede convertirse fácilmente en una distancia egoísta que nos permite hacer lo que queremos sin establecer los lazos importantes que nuestros familiares y amigos íntimos tanto anhelan.

Si se dan cuenta de que se encuentran más distantes que cercanos de su familia y amigos, aumentar su capacidad de ternura puede ayudarlos a salvar las distancias. Una de las maneras de lograrlo es nuestro tercer paso hacia la creación de ternura en nuestra vida.

3. Aprender a dar un "sándwich de ternura" a los demás.

El entrenador de fútbol americano de mi hijo menor (de Gary) es uno de los mejores de la región. Pero, este último año, él se convirtió en un entrenador aún mejor cuando aprendió a dar a sus jugadores lo que llamamos un "sándwich de ternura".

Jack, nuestro entrenador, es un ex jugador de fútbol americano profesional. Y, como muchos entrenadores, tiene mucho de león. Y es comprensible. No existe nada tierno en hacer pasar a un equipo por los rigores de los entrenamientos dos veces por día o hacer que los jugadores corran carreras en pleno verano en

Arizona para que estén en buen estado físico para la temporada. Sin embargo, lo que Jack percibió fue que su dureza no era suficiente para motivar a los jugadores de su equipo.

Durante su primer año como entrenador aquí, Jack se sentía frustrado por su incapacidad para motivar a algunos de los jugadores. Incluso, algunos de los mejor de ellos abandonaron el equipo, dejando un claro vacío en su conformación. Es interesante que los muchachos con los que tenía mayores problemas fueran aquellos que poseían la personalidad de un golden retriever.

Un día, después del entrenamiento, me expresó su frustración. "Sé que soy duro con estos muchachos", me dijo enfáticamente. "Pero les tengo que dar estímulo e intensidad. Tienen que ponerse al día, o quizás tengan que abandonar el fútbol y dedicarse a algún otro deporte".

—Jefe, —le dije—, ¿me permite que le haga una sugerencia?

—Nuestra temporada comienza en tres semanas, —me dijo—. A esta altura del partido, estoy dispuesto a escuchar todo.

Entonces le di una explicación de dos minutos sobre las diferentes personalidades animales y le conté sobre el sándwich de ternura que John y yo enseñábamos en consejería.

"Haga el experimento durante una semana de entrenamiento", le dije. "Por cada treinta segundos que se pase reprendiendo a un jugador por haber perdido un tacle o tarea, súmele treinta segundos de benignidad también. Mírelo directamente a los ojos y dígale qué fue lo que hizo incorrectamente y cómo ese error les podría haber costado el partido si hubieran estado jugando en serio. Pero luego ponga su brazo alrededor de sus hombros, dígale cuánto lo aprecia, e indíquele que es un jugador demasiado bueno como para realizar esa clase de errores. Luego envíelo de regreso al campo de juego".

"Recuerde, treinta segundos de firmeza rodeados de treinta segundos de afabilidad. *Trate en lo posible de cerrar la conversación con las palabras cordiales*".

Jack me miró con escepticismo, y lo entiendo. El entrenamiento que se realiza a todo nivel, excepto el más básico, se ha convertido en un 99 por ciento de firmeza. La idea de introducir suavidad en medio de sus lecciones estrictas lo hacía sentirse bastante incómodo. Pero estaba listo para probarlo todo.

Es difícil acostumbrarse a algo diferente. Es más, al final del primer entrenamiento durante el cual probó este enfoque, me preguntó: "Gary, cuando les hablo y los toco con suavidad, ¿puedo rodearles el cuello con mis manos para ahorcarlos?"

Pero Jack cambió. Así también lo hicieron, de manera dramática, las actitudes de muchos de los jugadores "problemáticos" del equipo. Él tuvo una cordial conversación con cada uno de los chicos que había dejado el equipo, y prácticamente todos ellos regresaron. Además, estuvieron a una serie y un gol de ganar el campeonato de fútbol estatal el año pasado, llegando a un empate y obteniendo el título de co-campeones.

Jack es un excelente entrenador, y añadir suavidad a su trato sólo incrementó aún más su éxito. Una y otra vez podemos ver cómo esposos y padres se ganan el amor de un ser amado mediante el aprendizaje y la práctica de este mismo enfoque. Tomemos, por ejemplo, el caso de Laura.

Laura mantiene su casa en ese estado de higiene que los gérmenes aborrecen. Como buen castor, mantiene su casa tan limpia que los gérmenes ni siquiera la visitan ya. Por desgracia, la noción que tiene su esposo nutria de limpieza es ordenando el armario de ropa una vez al año, lo necesite o no.

Durante los primeros años de matrimonio, las inclinaciones naturalmente estrictas de Laura llegaban, a veces, a una zona crítica. Veinte veces por día encontraba alguna razón para criticar el comportamiento de su marido: había colocado la alfombra del baño con la parte afelpada hacia arriba, no hacia abajo; había tomado una ducha y luego no había secado el vidrio; le había usado el coche y se lo había llenado de migas. Su lista era interminable.

Cuanto más firme era con su esposo, tratando de obligarlo a cambiar, tantos menos resultados conseguía. Pero cuando comenzó a practicar el método del sándwich de ternura, quedó asombrada del cambio que no sólo experimentó su marido, sino también ella.

"Tomé la decisión de no criticar a Guillermo a menos que tuviera algo positivo que decirle a la vez", nos dijo. "Al principio, me di cuenta de que no le decía absolutamente nada. Me resultaba tan extraño vincular algo positivo con lo negativo. Me sentía rara, hipócrita. Pero con el tiempo, lo único que puedo decir es que el cambio que hemos experimentado ambos es increíble".

¿Por qué reduce tanto la ternura el conflicto en los hogares? Los estudios realizados nos han demostrado que las parejas más felices son aquellas que constantemente realizan pequeños actos de cariño (particularmente cosas tales como una palabra amable, una caricia o una nota de aliento), aun durante aquellos momentos en que estén expresando alguna inquietud.[21] Por otro lado, en las parejas más enfermas y conflictivas, las acciones de cariño casi no existen.

Por tanto, si deseamos las relaciones más saludables posibles, tenemos que aprender a incluir un sándwich de ternura junto con nuestras correcciones firmes.

Hemos observado tres maneras importantes de añadir dulzura a nuestra vida: detectar los puntos de congelamiento emocional de nuestro pasado; reconocer y reducir la distancia emocional en nuestros hogares; y aprender a utilizar un sándwich de ternura cuando necesitamos corregir a los demás. Cada uno de ellas es importante. Pero existen siete maneras más de incrementar este aspecto importante del amor.

♏

CAPÍTULO NUEVE

Cómo Incrementar el Amor Tierno: Segunda Parte

YA HEMOS VISTO TRES CLAVES para comunicar el aspecto tierno del amor. Una cuarta implica mirar la ternura desde la perspectiva de los demás.

4. Entender qué significado tiene la ternura para los demás.

Las diversas personalidades hacen que sea inevitable que la gente perciba una misma situación de manera diferente. Si deseamos que prospere un matrimonio o la relación entre padres e hijos, tenemos que valorar las virtudes de la personalidad de cada uno y aprender, a la luz de las mismas, cuál es la mejor manera de comunicar suavidad a la otra persona. *A la misma vez, cuanto menos apreciemos las virtudes naturales de los demás, tanto más estrictos seremos con ellos.*

¿Recuerdan la historia de Jessica y su mamá al principio del capítulo 3? Jessica tenía el temperamento de un castor y tenía que realizar todo con cuidado. Su madre, por otra parte, era un león que deseaba que todo se hiciera rápida y eficientemente. Pero su madre, que poseía una gran sabiduría, aprendió a aplicar un poderoso principio bíblico que añadió mayor ternura a la relación con su hija.

En el evangelio de San Mateo, cuando Cristo habla sobre nuestros afectos espirituales, dice lo siguiente: "Porque donde esté tu tesoro, allí estará también tu corazón"[22]. Lo que resulta cierto en el ámbito espiritual lo es también en el familiar. Cuanto más aprendamos a valorar las inclinaciones y talentos naturales de nuestros seres queridos, en especial si difieren de los nuestros, tanto más tiernos seremos con ellos.

Eso es exactamente lo que ocurrió entre Jessica y su madre. Cuando esta mujer aprendió a apreciar las fortalezas únicas de Jessica, quiso aprender lo que significaba para ella la suavidad. De modo que le preguntó sencillamente: "¿De qué manera podría ser más tierna contigo?"

Jessica le respondió de inmediato de una manera que sorprendió a su mamá: "Puedes dejar de calcular el tiempo que tardo en hacer mis deberes".

Cuando ella tenía que realizar las tareas escolares corriendo una carrera contra el reloj, esto no la ayudaba a poder realizarlas más rápidamente. Al contrario, esto la frustraba y la empujaba a realizar mayor cantidad de errores, lo cual la obligaba a ir más lentamente aún.

Cuanto menos apreciemos las virtudes naturales
de los demás, tanto más estrictos seremos con ellos.

A la mamá de Jessica le gustaba hacer todo rápido. De modo que imaginaba que a su hija eso le agradaría también. Pero Dios le había dado a Jessica una perspectiva diferente del tiempo, y eso les había traído problemas. Cuando su madre dejó de presionarla con el reloj, pudo demostrarle de manera práctica, un amor más dulce.

¿Están acaso exigiendo cosas de sus seres queridos que hacen que estos se alejen, además de endurecer también su corazón? A veces, el amor tierno puede presentarse como la consideración que tenemos de llamar antes de traer un invitado a casa a comer. Otras veces, significa hacer las cosas a tiempo y no dejar todo para el último momento. Quizás tenga el aspecto de ser lo suficientemente sensibles como para preocuparnos de que nuestra ropa sucia caiga dentro del canasto y no sobre el piso. Y siempre significa prestar un hombro para que alguien llore sobre él, en vez de dar una lección.

En cada uno de estos casos, aprender a valorar las diferencias de los demás y, sobre todo, *preguntar* qué significa la dulzura para ellos, nos puede dar una idea de cómo podemos tocar su corazón y ablandar el nuestro.

5. Aprender el secreto de tomar una decisión difícil de una manera tierna.

Toda esta charla sobre cómo añadir ternura parece lo último que los García necesitaban escuchar. Después de todo, ellos estaban sumidos en una lucha por el poder con su hijo de doce años.

Ellos habían intentado ser suaves con él, aun hasta el punto de sobornarlo para que se portara bien. Pero nada parecía funcionar con su hijo león. Así que todo terminaba en una dura confrontación de poderes. Tanto la madre como el padre eran golden retrievers por naturaleza y tener que ser duros con su hijo día tras día les quebrantaba el corazón.

Sin embargo, contrario a las apariencias, la dulzura era el elemento principal que necesitaba este hogar. ¿Por qué?

En el centro mismo de muchos de los problemas de disciplina yace la ira: a menudo el enojo inmaduro de un niño que desea hacer lo que quiere y que se rebela contra todo control o límites. Por desgracia, en respuesta a la ira del niño, los padres deciden frecuentemente responder de la misma manera, y la situación puede tomar las proporciones de una Segunda Guerra Mundial.

Hasta que los niños crezcan y se pongan a la altura de sus padres, estos pueden normalmente vencerlos y obligarlos a que obedezcan, por un tiempo, las reglas. Pero como lo que sucede cuando tiramos un balde de gasolina sobre una pequeña fogata tratando de apagarla, el efecto acumulado del enojo en un hogar puede causar, a largo plazo, un daño mucho mayor.

Todos sabemos lo fácil que resulta responder el enojo con enojo. Pero, en cambio, ¿qué puede calmar el enojo? La Biblia nos dice que existe algo que disminuye la presencia de esta emoción dañina en un hogar: la dulzura.

Las paradojas bíblicas tales como:" La respuesta amable calma el enojo" y "¡La lengua amable quebranta hasta los huesos!"[23] son interesantes, pero no brindan siempre consuelo, sobre todo a familias como los García. ¿Cómo podemos añadir ternura a una situación problemática sin entregar el poder del hogar a un niño rebelde? ¿Qué puede ayudarlos a mamá y papá ser padres sin tener que ser agentes de policía las 24 horas del día?

Los García y muchas otras familias necesitan una herramienta que los ayude a tomar decisiones difíciles de una manera delicada: un método que al mismo tiempo que aumente su compromiso de enfrentar un problema, tarea u objetivo juntos, disminuya la tensión. Nosotros hemos visto que este método funciona, no sólo en nuestros hogares sino en cientos de otros hogares también.

El método al que nos referimos es el contrato de familia. Ilustremos esta herramienta con el ejemplo de la familia Muñoz, quienes se enfrentaron al mismo problema que muchos. O sea, tienen todo el zoológico familiar bajo un mismo techo.

Eduardo, el papá, es un león que desea que la familia funcione como un motor bien lubricado. Su hijo la nutria, Samuel, no hace más que tirarle llaves inglesas al motor, o sea, que no hace más que fastidiar a los demás. Eso obliga a la mamá, Dora, la golden retriever, a estar constantemente en estado de alerta, tratando de remendar las cosas entre los dos hombres de la casa. ¿Y qué ocurre con la hija, Beatriz el castor? Ella utiliza su talento de crítica para señalarle a su hermano cada una de sus faltas, mientras ella está cerca de la perfección, lo cual hace que los fuegos artificiales vuelvan a encenderse una vez más.

Sin embargo, en vez de sufrir constante pandemonio y fricción, ellos han aprendido a establecer hasta las reglas más firmes de una manera lo suficientemente suave como para que todos puedan acatarlas, incluyendo Samuel. Es un contrato familiar aceptado por todos.

Una noche, todos decidieron evaluar la situación. Nadie estaba feliz con el estado de las cosas, pero nadie deseaba aflojar para que las cosas mejoraran (excepto la mamá golden retriever, por supuesto, quien ya había hecho lo imposible para que todos estuvieran contentos).

Eduardo se hizo cargo de la reunión. Les pidió que enumeraran lo que cada uno deseaba de la familia. Una vez que reunió las listas de cada uno, las redujo a tres reglas principales a las que tendrían que atenerse. Aun cuando cada categoría principal tendría subcategorías, las tres reglas aceptadas por todos eran:

1. Honrar a Dios.
2. Honrar a los demás.
3. Honrar la creación de Dios.

Honrar a Dios equivalía a asistir regularmente a la iglesia; no utilizar un lenguaje inapropiado o el nombre de Dios en vano; y un momento de quietud al menos dos veces a la semana. La regla de "honrar a los demás" equivalía a no contestar mal a sus padres o deshonrar a los demás miembros de la familia con sus palabras. Y "honrar la creación de Dios" significaba realizar las diversas tareas necesarias para mantener la casa presentable, así como hacerse cargo de las mascotas de la familia.

Después de escribir las reglas básicas, los Muñoz comenzaron a aplicar las tres claves para que el contrato de familia funcionara. Primero, junto a cada regla trazaron dos columnas: una para las recompensas que se recibían si se las obedecía, y otra para las multas. *Luego permitieron que los niños anotaran sus propias recompensas y multas, guiados por sus padres.*

Cuando Beatriz sugirió: "Si me olvido de darle de comer al gato, ¿qué les parece dos semanas en penitencia?", sus padres tuvieron que ayudarla a emparejar la multa con la falta. Después de una breve charla, estuvieron de acuerdo en que una noche sin mirar televisión era algo más realista.

Samuel necesitó que lo ayudaran a traer un poco más de realidad a la sección de las recompensas. Si recordaba darle de comer al perro todos los días durante la semana sin que se lo tuvieran que recordar, su primera sugerencia era no tener que cortar el césped durante todo el verano. Después de una breve discusión, todos estuvieron de acuerdo en que obedecer la regla significaba que podría pasar dos horas el sábado por la tarde en la galería de compras de la zona. Si se olvidaba de hacerlo, no podría ir a la galería ese fin de semana.

Quizás puedan ya ver lo que estaba comenzando a suceder en la casa de la familia Muñoz. Ahora, en vez de que cada regla fuera "la regla de Papá" o "las cosas de Mamá", existían también las reglas de los chicos, completas con sus propias series de recompensas y multas. A medida que se incrementó el sentido de participación en las reglas familiares, las razones que tenían los niños para desafiar a Mamá y Papá disminuyeron. Combatir las reglas se había convertido en una guerra contra ellos mismos, lo cual no resultaba demasiado divertido.

La segunda clave para un contrato exitoso fue que *se les otor-*

gara a los niños la mayor libertad posible para satisfacer sus responsabilidades específicas. Por ejemplo, los miembros de la familia se comprometieron a pasar un mínimo de diez minutos "de quietud" dos veces a la semana. Para Samuel, esto generalmente significaba utilizar los últimos diez minutos de la noche leyendo algunas de las interesantes historias y aplicaciones de la Biblia para estudiantes (*The Student Bible*[24]).

Por supuesto, algunas reglas eran inquebrantables. No había manera de esquivarse si utilizaban un lenguaje inapropiado o si contestaban enojados. Sin embargo, la flexibilidad de cuándo sacar la basura o cuándo darle de comer al perro (siempre y cuando fuera antes de que oscureciera) quitó también la necesidad de estarles encima para que hicieran lo que tenían que hacer. Los chicos eran además responsables por marcar sus propias tareas en la página del contrato si deseaban obtener crédito para una recompensa ese día. Eso colocó la responsabilidad sobre las espaldas de la persona que realizaba la tarea, y no sobre los padres que tuvieran que recordarle constantemente a Beatriz o a Samuel que lo hicieran.

La tercera clave y la más importante para un sistema de contrato de familia efectivo es algo que los mejores líderes empresariales (y Eduardo y Dora) saben: *uno puede esperar lo que se toma el tiempo para inspeccionar.* La comida que siempre compartía la familia Muñoz era el desayuno. De modo que ése era el momento en que los padres tomaban la hoja adherida al refrigerador para ver qué era lo que habían marcado los chicos.

Las primeras tres semanas fueron una verdadera prueba para Mamá y Papá y Samuel. Él se olvidó de hacer sus tareas durante varios días, lo cual significaba que no podría ir a la galería de compras durante el fin de semana. Hasta tenía que regresar temprano a casa de la fiesta de cumpleaños de su primo, ya que todos se iban después al cine en la galería. ("Te has olvidado de darle de comer al perro, así que no puedes ir a la galería de compras, para nada".) Pero después de que Mamá y Papá se mantuvieran firmes durante ese período de prueba, que ellos anticipaban, comenzaron a suceder muchas cosas positivas.

Eduardo se dio cuenta de que ahora tenía límites que rodeaban su ira. En vez de gritar, señalar a los niños con el dedo, o sentir que tenía que demostrar de manera dramática su seriedad, ahora podía apuntar con el dedo el contrato sobre el refrigerador. Esto le ayudó también a recordar que además de imponer multas por el quebrantamiento de las reglas, él podía ahora motivarlos de manera positiva, dándoles recompensas por su buen comportamiento.

Dora, nuestro golden retriever, al tener las reglas delante de ella, podía encontrar la fuerza que necesitaba para añadir firmeza a su amor. Cuando miraba el contrato, podía ver las cosas positivas que podían obtener sus hijos, y sabía también que existían límites a la disciplina si no realizaban sus tareas. Todo esto le dio la confianza que necesitaba para mantenerse firme y constituir un frente común con su esposo delante de sus hijos.

Por último, Samuel la nutria y Beatriz el castor comenzaron también a prosperar bajo este sistema. A pesar de que no fuera su intención, a Samuel le gustaba completar el gráfico, especialmente marcar lo que ya había realizado con un enorme marcador. Después de varios meses, se dio cuenta de que tenía ya la costumbre de realizar varias de las cosas que antes había odiado hacer. Y para Beatriz, un sistema de contrato era el paraíso. Por fin, toda la familia estaba organizándose como ella, y ahora obtenía una recompensa por hacer todo bien.

Quizás se pregunten si las cosas positivas que le ocurrieron a la familia Muñoz fueron un fenómeno exclusivo. Sin embargo, la familia Smalley disfrutó de los mismos resultados que ellos. La razón es que el sistema de contrato que les enseñamos a los Muñoz era el mismo que habíamos utilizado los Smalley durante años. De hecho, yo (Gary) le adjudico a ese sistema que utilizamos durante la crianza de nuestros hijos la unidad que experimentamos hoy día.

Como podrán ver en el siguiente capítulo, la clave más importante para el éxito de un contrato familiar es el aspecto firme del amor para obligar a que los demás sean responsables por sus acciones. A pesar de lo difícil que nos resultaba inspeccionar el contrato todos los días, éste aportó una increíble ternura a nuestro hogar gracias a la reducción de fricciones y el agregado de amor y respeto mutuo.

Una de las maneras en que todos podemos ganar es sacando las reglas de la familia a la luz y poniéndolas por escrito.

Sabemos que quizás ustedes tengan varias preguntas prácticas sobre el uso del contrato que nos sea imposible cubrir aquí. Si desean calar más profundo para aprender a utilizar este método tan útil, vean el libro de Gary: *The Key to Your Child's Heart* o *Who's in Charge Here?* de Robert G. Barnes, Jr.

Ahora echemos una mirada a otra de las maneras en que podemos añadir dulzura y suavidad mediante la toma de conciencia de un lenguaje tácito y estricto.

6. Reconocer el poder destructivo de la firmeza tácita.

El apóstol Santiago señaló una manera de ser espiritualmente bendecidos mirándonos al espejo. Las personas sabias se miran atentamente y perciben quiénes son y realizan los cambios que sea necesario hacer. Pero la gente necia se mira en ese mismo espejo y se alejan sin cambiar nada.[25]

¿Cuántas veces se han mirado al espejo hoy? ¿Esta semana? Quizás miremos nuestro reflejo diez veces al día para poder lucir mejor. Pero para poder actuar de la mejor manera posible, tenemos que mirarnos al espejo atentamente y aún con mayor frecuencia para ver cómo nos perciben los demás.

Un amigo consejero nos comentó hace poco sobre una mujer bastante ingeniosa. No encontraba la manera de decirle a su esposo que una de las cosas que más le preocupaba no era lo que él le decía, sino la manera en que la miraba. Le dijo al consejero que su esposo rara vez levantaba la voz, pero sus gestos airados y deshonrosos la hacían sentirse insegura y atacada. Él podía retener sus palabras, pero no podía controlar sus gestos y miradas agudas. Cuando estaban solos, su mirada tenía un filo que podría cortar hasta el acero.

Desesperada por hacérselo entender a su marido, ella utilizó un método que no nos atrevemos a promocionar, ya que podría salir mal, a pesar de que funcionó para ella. Ella armó su propia "Cámara Sorpresa", escondiendo su pequeña cámara de video en la biblioteca de la sala, apuntando hacia la cocina, donde se llevaban a cabo casi todas las discusiones. En el momento en que escuchó que su esposo entraba con el coche en el garaje, la encendió.

A menos que contemplemos seriamente lo que estemos
diciendo de manera tácita, nunca podremos comunicar
el aspecto tierno del amor de manera verdaderamente efectiva.

Esa noche, después de toda otra serie de miradas y gestos adustos, ella confrontó nuevamente a su esposo. Y esta vez, pasó la cinta para que él pudiera darse cuenta de qué es lo que le preocupaba.

Lo que él vio no hubiera seguramente participado del programa "Los videos caseros más divertidos", pero quizás hubiera ganado el primer premio en el programa "Las parejas más tensas de toda América". Se quedó helado cuando vio cuántas veces ponía en blanco los ojos, agitaba las manos como echando por tierra lo que ella le decía, y cruzaba los brazos o se daba vuelta cuando ella le hablaba. Lo único que pudo decir fue: "¿Ése soy realmente yo? ¿Es así como me veo?"

Los investigadores en la materia nos dicen que la vasta mayoría de lo que decimos es tácito. Desde la inclinación de nuestra cabeza hasta nuestro ceño fruncido y el portazo que pegamos cuando salimos de la habitación, todo comunica una enormidad de cosas. *Y, a menos que contemplemos seriamente lo que estemos diciendo de manera tácita, nunca podremos comunicar el aspecto tierno del amor de manera verdaderamente efectiva.*

El aprendizaje de cómo ser más tiernos con los demás comienza con nuestros ojos y boca. Si nuestro ceño está fruncido y nuestra boca está firmemente apretada, nuestras palabras pueden ser tan suaves como una pluma, pero la persona con la que nos estemos comunicando estará recibiendo un mensaje de dureza. Lo que ocurre es que en *todo mensaje donde se entremezclen palabras suaves con señales tácitas de dureza, todo se inclina hacia el lado de la rigidez*.

Se ha dicho que una imagen equivale a mil palabras. Y cada vez que hablamos con una persona, nuestras claves no verbales dan una clara imagen de lo que estamos realmente pensando.

Cuando arrugamos el ceño, todo el cuerpo se contrae. Tomen un momento para realizar este ejercicio. Hagan un gesto de desaprobación: estrechen los ojos, aprieten los dientes, endurezcan el cuello; la clase de rostro que reservarían para esa profesora que siempre les tomaba pruebas sorpresa los viernes a la tarde o la chica que rompió con ustedes en noveno grado y que nunca les quiso devolver todas aquellas cosas tan caras que le habían comprado.

Ahora presten atención a su respiración. Cuando asumimos esta postura no verbal aumentan los latidos del corazón, nuestra respiración se torna superficial, se tensan el cuello y los músculos del estómago y, por lo general, todo nuestro cuerpo está a la defensiva.

Ahora traten de relajarse, y exhiban una amplia sonrisa. ¿Pueden sentir cómo se relaja todo el cuerpo? Automáticamente, la respiración se hace más profunda. Si pudiéramos medirlo, veríamos que nuestras pupilas se dilatan levemente cuando sonreímos, incorporando más del ambiente que nos rodea y asumiendo una apariencia más cálida y amistosa. La Biblia nos dice que: "Una mirada radiante alegra el corazón".[26]

La próxima vez que estén manteniendo una discusión "seria" con su cónyuge o hijo, prueben algo que los puede ayudar más que todo argumento persuasivo. Tomen un momento para alejarse de la intensidad del momento y sonreír y tomarles la mano o abrazarlos, indicando que, a pesar de la gravedad del asunto que tienen delante, ustedes aman a la otra persona.

Debemos, además, prestar atención a nuestro tono de voz. Casi siempre revela a los demás lo que estamos realmente sintiendo. Pidan a sus seres queridos que revisen de vez en cuando su tono de voz para estar seguros de que no existan emociones negativas allí alojadas que puedan estar borrando el efecto positivo de nuestras palabras.

Sin embargo, la dulzura tácita se destaca más en el oír que en el hablar. Si nuestros hombros están apuntando directamente hacia la otra persona y estamos algo inclinados hacia ella, podemos estar seguros de que estamos comunicando suavidad. Si nos tomamos el tiempo para girar el cuerpo y mirar de frente a la otra persona, comunicamos calidez y atención, así como el ponernos a la altura de los ojos de los niños. Pero darnos vuelta o estar de cara a la cocina o el televisor puede comunicar rigidez, aun cuando ésa no sea nuestra intención.

Por último, utilicemos la firmeza tácita de los demás para descubrir toda tensión en nuestros hogares. No hace mucho tiempo, me pareció que algo andaba mal con Norma. De modo que yo (Gary) decidí observar sus señales no verbales para tratar de aislar el problema.

Lo primero que descubrí fue que cuando hablábamos, ella apenas me miraba. Nuestras conversaciones parecían breves y concisas. Además, ella cruzaba sus brazos o se sentaba en el otro lado del sofá. Sin embargo, cada vez que aparecía alguno de nuestros niños, se le iluminaban los ojos, y ella parecía estar dispuesta a conversar en cualquier momento del día o de la noche. Por último, cuando trataba de acercarme, ella resistía la cercanía y se tensaba cada vez que le daba un abrazo.

¡Me di cuenta de que no tenía que ser un genio para darme cuenta de que ella tenía un problema conmigo! Por fin descubrí que yo la había estado criticando sobre algo en particular, y que ella se había cansado. Nunca había verbalizado su frustración, pero era fácil detectarla en sus acciones.

Afortunadamente, al mirar su lenguaje corporal, había descubierto su frustración. Y cuando me esforcé por no criticarla más, pronto nuestra relación volvió a ser positiva.

7. Involucrarse personalmente en ayudar a los demás.

Mi hija (de Gary), Kari Lynn, comenzó hace medio año a enseñar en una escuela de la zona del centro urbano habitada por familias de escasos ingresos. Y, a pesar de que ella siempre tuvo un corazón misericordioso, he visto que ha desarrollado un nivel aún mayor de dulzura este año. ¿Por qué? Porque ha sido una temporada de sacrificio por los demás, y esto ha sensibilizado su corazón.

Casi todos sus alumnos son hispanos, y dos de ellos comenzaron las clases hablando sólo español. He visto que ella se pasa horas de sus ratos libres enseñando y estimulando a sus alumnos para que hablen y lean mejor el inglés.

No lo digo para llamar la atención sobre lo que ha hecho mi hija para ayudar a sus alumnos, sino para señalar la manera increíble en que nuestro corazón se enternece cuando ayudamos a los demás, aun cuando esto implique sacrificar nuestro tiempo y nuestros recursos. Si nos damos cuenta de que nuestro corazón no es tan tierno como debería ser, hagámonos la siguiente pregunta: ¿Estamos involucrados en una situación de servicio a los demás? Ya sea en la guardería de niños en la iglesia, un viaje misionero a México o un hospital local, si tratamos de extender nuestra ayuda a los demás podremos aprender poderosas lecciones en dulzura.

8. Permitir que los momentos difíciles nos transformen en personas tiernas.

Conocemos a una pareja, parte del personal de una iglesia, que tuvo que sufrir las penurias de la esterilidad. Ellos soportaron dolorosas pruebas médicas, diversos medicamentos y una tensión indescriptible. Durante años, cada juguetería, cada domingo a la mañana viendo a los hijos de sus amigos en la guardería, y cada Navidad con sólo dos calcetines colgados de la repisa de la chimenea eran los recordatorios del vacío que sentían ambos. Pero algunos de los momentos más difíciles fueron los experimentados a causa de las acciones de ciertos miembros de la iglesia bien intencionados.

En más de una ocasión, la señora recibió notas de las mujeres que tenían niños diciéndole que aceptara y aplaudiera la "voluntad de Dios" de que ellos no tuvieran hijos. Y, a menudo le decían lo especial, fuerte y bendecida que debía ser para que Dios le diera semejante carga. Esa pareja no necesitaba lecciones sobre la voluntad de Dios de parte de matrimonios que no podían relacionarse con su dolor. Lo que ellos necesitaban eran cariño, comprensión y, de vez en cuando, un hombre para apoyar la cabeza y llorar.

Muchas personas pasan por pruebas, pero no todos se capacitan gracias a ellas. El dolor físico u otros problemas nos pueden endurecer más. Sin embargo, a esta pareja, como muchas otras que han pasado por épocas difíciles, la experiencia los enterneció.

Hace algún tiempo tuvimos la oportunidad de pasar una semana con el Dr. Charles Swindoll y el personal de su iglesia, dando charlas en el campamento de su iglesia para la familia. Como estábamos en la mitad de nuestra investigación para este libro, nos pareció el momento perfecto para preguntarle a una de las personas más tiernas y cálidas que conocemos cuál era su secreto para transmitir tanto amor genuino a su rebaño.

El Dr. Swindoll hizo una pausa y arrugó el ceño. Por último, después de unos breves momentos, nos dio una respuesta que consistía en una sola palabra: "Dolor". Luego nos habló del dolor de casi perder a su nieta, de hablar en los funerales de demasiados amigos íntimos, de volcar su corazón en personas que no escuchaban los consejos de la Biblia, y de recibir críticas injustificadas. Cuando sufrimos dolor terminamos amargados o mejor que antes. Las pruebas de Charles Swindoll han profundizado y suavizado su amor por Cristo y por los demás.

Las pruebas, ¿los han endurecido, bloqueando el amor tierno en el proceso? Creemos que nuestra respuesta al dolor y su efecto en nuestra capacidad de amar es tan importante que yo (Gary) escribí todo un libro sobre ello: *Joy That Lasts*.

El apóstol Santiago nos ha dicho que no resintamos las pruebas sino que les demos la bienvenida como amigos. Y, a pesar de que eso no es algo sencillo, el compartir los sufrimientos de Cristo es una manera segura de obtener un sentido más profundo de su amor. Es, además, una manera poderosa de ablandar nuestro corazón de manera que nuestro amor por los demás brille a través de ellas.

9. Mantener el corazón espiritualmente tierno.

Sin duda alguna, la mejor manera de ablandar nuestro amor por los demás es incrementando nuestro amor por Cristo. Esto es algo tan importante, que dedicamos todo el último capítulo del libro para abordar ese tema. Pero por ahora, podemos realizar dos cosas para mantener espiritualmente tierno a nuestro corazón.

Primero, la manera de añadir ternura es permaneciendo abierto a las correcciones de los demás. En las Escrituras dice: "Cala más un regaño en el hombre prudente que cien latigazos en el obstinado".[27] Dicho en otras palabras, la gente sabia es dulce y receptiva a las palabras de corrección; los necios no aceptan ningún intento de señalar sus faltas. Y, desgraciadamente, cuanto menos abiertos estamos, tanto más endurecemos nuestro corazón frente a Dios y los demás. A la misma vez, si deseamos ser sabios, tenemos que permanecer tiernos ante lo que Dios desee enseñarnos mediante la corrección de los demás.

Segundo, cuando no traficamos en aquellas cosas que oscurecen nuestro corazón, añadimos ternura espiritual. Romanos 1 contiene una larga lista de tales cosas, incluyendo injusticia, perversidad, codicia, malicia, homicidios, disensiones, calumnias, odio y especialmente pecado sexual.

Sin ninguna duda, la mejor manera de añadir dulzura y mantener fuera la oscuridad es viviendo una vida piadosa. Por ejemplo, consideremos el pecado sexual, el cual es una verdadera epidemia en la sociedad actual. Una de las razones por las cuales oscurece el corazón es que nos fuerza a vivir dos vidas diferentes. Existe la vida pública del esposo, esposa, estudiante o clérigo devoto, pero existe una vida secreta de tráfico en oscuridad.

Cuanto más vivimos como dos personas diferentes, tanto más se endurece nuestro corazón de manera negativa hacia Dios y los demás. Cada vez que empujamos fuera la convicción de pecado del Espíritu Santo, negándonos a arrepentirnos, invitamos a nuestro corazón a ponerse duro como una roca. Una y otra vez, hemos visto que ese corazón insensible puede llevarnos a hacer y decir cosas que jamás nos hubiéramos imaginado.

No hay duda de que esos pecados ocultos nos endurecen el corazón. Y al alejarnos cada vez más de Dios, no nos salimos con la nuestra. Como bien dijo el salmista: "Si hubiéramos olvidado el nombre de nuestro Dios, o tendido nuestras manos a un dios extraño, ¿acaso Dios no lo habría descubierto, ya que él conoce los más íntimos secretos?"[28]

Cuanto más caminamos en la verdad, tanto menos puede obrar el pecado como un cemento de secado lento en nuestro corazón, bloqueando nuestra capacidad de dar y recibir ambos aspectos del amor.

10. Hacer que su objetivo sea ser tiernos con aquellos a quienes aman.

Si son leones o castores, les encantan las metas. Cuando alguien les da un objetivo, el desafío alimenta su fuego. Teniendo esto en cuenta, los desafiamos, aquí y ahora, ha ponerse como meta añadir ternura a su amor por los demás.

Si desean aprender más sobre cómo incentivar a sus niños según las inclinaciones de su personalidad, les recomendamos el libro: *Taming the Family Zoo,* escrito por Jim y Suzette Brawner. En este excelente recurso, verán diferentes maneras de utilizar ambos aspectos del amor para inspirar a sus hijos.[29]

Para nosotros dos, en el momento en que escribimos esto, ya han pasado casi dos años desde que nuestras esposas nos sentaron y nos dijeron que necesitábamos añadir más de este aspecto del amor a nuestra vida. Y durante dos años, se ha convertido en una meta diaria cada vez más conciente. Pero dicha decisión tiene un precio. Aún tenemos la tendencia de las nutrias de atacar verbalmente cuando estamos bajo tensión. Y nuestras ideas sobre la ternura no siempre coinciden con las de nuestra esposa e hijos. Hemos tenido que realizar reuniones familiares para conversar sobre el asunto, y a veces hemos tenido que pedir perdón por regresar a lo que nos resultaba cómodo, aun cuando fuera extremadamente desequilibrado.

Sabemos que no les resulta sencillo a los leones asumir las características de los corderos, pero no será la primera vez que se haga. El libro del Apocalipsis está repleto de imágenes del Hijo de Dios que está sentado sobre su trono como ambos. A medida que somos más como Él, veremos que aumenta la ternura de nuestras relaciones con los demás.

Diez maneras de añadir ternura, y todas ellas tienen el poder de enriquecer nuestras relaciones. Pero además necesitamos el lado firme y protector del amor. En los dos siguientes capítulos, miraremos detalladamente las diez maneras de añadir más de este aspecto al amor para que exista un saludable equilibrio entre ambos.

♎︎

Capítulo Diez

Cómo Añadir el Amor Firme
de una Manera Sana: Primera parte

Ya era noche cerrada cuando Esteban se detuvo un instante en la habitación de su hija. *Quizás esté equivocado,* pensó mientras miraba a su hija durmiendo. *Todos piensan que lo estoy. Pero, Señor, yo sé que no lo estoy. Por favor ayúdame a permanecer firme.*

Jamás lo confundiríamos a Esteban con un león. No quiere decir que no fuera masculino, pero se encontraba sin duda en el extremo superior de la escala de los golden retrievers. Si lo empujaban, podía ser firme, pero era tan flexible con los demás que raras veces tenía que utilizar el lado estricto de su amor. En cambio, era más bien el padre cálido y compasivo que estaba más dispuesto a abrazar que corregir.

Como hemos visto, la suavidad es esencial. Si repasamos las listas bíblicas del fruto del Espíritu y las cualidades del carácter de los ancianos y diáconos, la mitad requiere un amor tierno. Pero Esteban necesitaba aplicar ahora la protección y corrección del lado estricto del amor. Porque se le había presentado un gran problema que la suavidad sola no podía solucionar.

De hecho, la peor pesadilla de Esteban se había convertido en realidad. A pesar de que lo había estado sospechando durante varios meses, ahora tenía la certeza de que su hija de quince años, Robin, tomaba drogas con amigos de su colegio nuevo. Cuando encontraron drogas escondidas en la parte superior del armario que compartía Robin con una compañera, el consejero los llamó. No habían presentado cargos porque no las habían encontrado con las drogas en las manos. Cuando Esteban se enfrentó a la realidad de los hechos, sintió que le explotaba la cabeza.

No sabía hasta qué punto estaba involucrada Robin con las drogas, pero él ya no podía encontrarle justificación a su mal humor y relatos engañosos. Se daba cuenta de que la estaba perdiendo a su hija. Se la estaban llevando las drogas, los malos amigos, y quién sabe qué otras cosas más, y él tenía que hacer algo al respecto.

Hay momentos en que la vida nos llama a tomar una postura firme, y tenemos que añadirle dureza a nuestra ternura. Esteban realizó algo poco característico de él: tomó varias decisiones importantes de golpe.

Primero, la cambiaría a Robin a otro colegio. A pesar de que hay drogas en todos los colegios secundarios, él sabía que ella necesitaba alejarse del colegio al que concurría. Lo mismo ocurrió con sus nuevos amigos. Ella tenía que cortar todos sus vínculos con ellos, incluso las llamadas telefónicas o los encuentros "accidentales" en la galería de compras. (Él la acompañaba a todas partes para estar seguro de ello.) Por último, iban a regresar a la iglesia, y ella tendría que ver a un consejero, junto con el resto de la familia, comenzando de inmediato.

Se pueden imaginar el impacto que tuvieron estas decisiones en toda la familia. Robin estaba enfurecida y los amenazó con huir de casa. Noche tras noche, se negaba a hablar con su padre. Ni siquiera lo miraba, a menos que la obligaran a hacerlo. Su hermana menor, que tenía el temperamento de un golden retriever, respondió al dolor que veía en la vida de su hermana, atacando a su padre, diciéndole que era demasiado duro y cruel. Aun su esposa comenzó a dudar de él y se preguntaba en voz alta si quizás él estaba yendo demasiado lejos con todo.

Ahora habían pasado ya dos meses. Robin estaba en su colegio nuevo, alejada de sus viejos amigos. Eran más de las doce y, una vez más, Esteban no había podido dormirse, dando vueltas y vueltas, con nudos en el estómago, mientras luchaba con sus emociones. *¿Estoy siendo demasiado duro? ¿Se me fue la mano?,* pensaba. Por fin, decidió hacer lo único que parecía darle algún consuelo: se fue arriba a orar.

Pero esa noche, camino a las escaleras, Esteban se detuvo en el cuarto de Robin. La puerta estaba entreabierta y él miró en la oscuridad. Después de permitir que sus ojos se acostumbraran a las penumbras, entró y miró cómo dormía su hija.

Lo asaltaron toda clase de emociones mientras recordaba todas aquellas noches en que había estado allí parado cuando ella era pequeñita, mirándola abrazada a su mantita o a su muñeco de peluche favorito. Recordó cómo ella se sonreía cuando él entraba en una habitación. Pero ahora sentía su odio, y le estaba destrozando el corazón.

Cuando comenzó a darse vuelta, se le llenaron los ojos de lágrimas. Y luego su hija habló:

—¿Papito? —dijo—. ¿Eres tú?

Él se detuvo allí mismo y se dio vuelta lentamente.

—Sí, cariño, —le contestó.

Después de una larga pausa, se dio cuenta de que su hija había comenzado a llorar suavemente.

—Papi, —le dijo—, gracias por amarme tanto. Yo estaba estancada, y no sabía cómo salir. Gracias por ser firme conmigo…

Esteban había pagado un precio altísimo por esas palabras. No hay enojo como el de la persona que está atrapada en la oscuridad y se la obliga a mirar a la luz. Esteban había tenido que cargar con el enojo de los demás que sentían que él estaba reaccionando exageradamente y con crueldad.

El amor estricto no es fácil, y a menudo tarda más de dos meses en traer recompensa. Hemos conocido a personas que han tenido que ser duras con un ser querido, con un hijo o un esposo o esposa, que luego se alejaron durante años como consecuencia de ello. Pero una cosa es cierta: Si Esteban hubiera decidido brindar sólo ternura a su hija, jamás hubiera recuperado su amor, y quizás la habría perdido para siempre.

Este capítulo es para todos aquellos de nosotros que hemos luchado porque somos demasiado blandos; gente que, como Esteban, se inclina hacia el aspecto tierno del amor. Esas personas necesitan una saludable firmeza para equilibrar sus emociones, no sólo durante una crisis, sino todos los días.

Los que tienden a acampar en el lado afable del amor son nuestros amigos las nutrias y los golden retrievers. Así como son naturalmente blandos con la gente, lo son con los problemas también. Para poder apreciar en qué medida se sujetan a esta descripción, respondan a la encuesta que se encuentra a continuación, respondiendo sí o no a cada una de las preguntas.

1. ¿Tiene usted la tendencia a guardar sus sentimientos en vez de expresarlos a los demás? _____

2. ¿Puede criticar a sus amigos? _____

3. ¿Puede pedir un favor o ayuda a los demás cuando tiene un problema? _____

4. ¿Le cuesta decir que no a una responsabilidad añadida, aun cuando sepa que ya tiene demasiado que hacer? _____

5. ¿Permite usted que su cónyuge se ocupe mayormente de la corrección de sus hijos? _____

6. ¿Cuándo alguien le brinda un elogio, se siente incómodo o tiene que justificarlo de alguna manera? _____

7. Cuando está con sus amigos, ¿se pasa la mayor parte del tiempo escuchando sus necesidades y preocupaciones, sin expresar las propias? _____

8. ¿Acaso piensa que ser agresivo o ser autoritario es prácticamente lo mismo? _____

9. Cuando tiene una confrontación con sus hijos, ¿suele alejarse de ellas sintiendo en lo más profundo de su ser que ellos han ganado nuevamente? _____

10. ¿Le resultaba difícil expresar su enojo en su casa cuando era niño? _____

11. Cuando su cónyuge corrige a sus niños, ¿siente usted que él o ella han sido demasiado estrictos, aun cuando sepa que la disciplina ha sido apropiada y justificada? _____

12. Si le dice que no al pedido de un amigo, ¿siente que quizás pierda esa relación? _____

13. A pesar de que se siente censurado por un mensaje, versículo bíblico o libro, ¿no toma los pasos necesarios para cambiar? _____

14. ¿Piensa a menudo que algo va a "suceder" que convertirá una situación negativa en una positiva? _____

15. ¿Se siente inseguro en su vida y crecimiento espiritual?

_____

Si tuvieron más respuestas positivas que dedos en la mano, este capítulo es indudablemente para ustedes. Tienen un puntaje bajo en lo concerniente a la dureza y se van a realmente beneficiar de lo que sigue. Sin embargo, aun los que hayan contestado quince veces en forma negativa podrán aprender a ser estrictos de una manera más saludable y equilibrada.

¿Dónde comenzamos? Así como lo hicimos en el último capítulo, antes de construir tenemos que dinamitar lo existente. Por más importante que sea detectar los puntos de congelamiento emocional que puedan estar bloqueando la ternura, también es importante que veamos cómo pueden desconectar el aspecto firme del amor.

1. Reconocer el efecto de los puntos de congelamiento emocional.

Era el año 1951 y la participación del Sargento Davis en la Guerra de Corea acababa de finalizar. Cuando la guerra había comenzado, su unidad de reserva había sido una de las primeras en ser llamada al frente de batalla. El ejército había pagado sus estudios universitarios. A cambio de ello, durante doce meses y once días, él les retribuyó con una tarea difícil: peleando en heladas montañas y colinas, a menudo con la bayoneta calada en el rifle, cerca del paralelo treinta y ocho.

Ahora, el Sargento Davis era simplemente Papá para Margie, su hija de nueve años. Pero una noche, al poco tiempo de regresar de la guerra, él se volvió a colocar su uniforme durante un incidente que nunca lograría olvidar.

Era la hora de irse a la cama y Margie había pedido un vaso de leche y unas galletas antes de irse a dormir. Estaba riendo y brincando por la cocina. De repente, tiró el vaso de leche, rompiéndolo en mil pedazos y derramando la leche por todo el piso.

El hecho de que ya era tarde, el estruendo y sus nervios destrozados por su reciente estadía en la zona de guerra hizo que el papá de Margie se olvidara a quién le estaba hablando. Instintivamente, la atacó con un aluvión de palabras hostigadoras propias para un soldado desobediente. Alterada por su dureza y vulgaridad, Margie comenzó a llorar.

Insensible, su padre le gritó: "Vete ya a la cama". Luego salió intempestivamente fuera, mientras que su hija se refugiaba en su habitación.

"Ella fue la que rompió el vaso, no yo", le dijo desafiante a su esposa cuando ésta vino a hablarle luego. Se negó a ir a disculparse, y terminó la discusión con una aceptación a medias de su culpa. "Está bien, fui un poco duro con ella. Pero ya se va a olvidar". Pero no fue así.

Esa noche, más tarde, escucharon unos terribles alaridos del cuarto de Margie. Davis acudió corriendo a la habitación de su hija y la encontró sentada en su cama, bañada en transpiración y llorando sin control.

—¿Qué te ocurre? —le dijo, abrazándola mientras que ella temblaba de miedo.

—Ay, Papá, era terrible, —le dijo—. Había un oso, y me estaba atacando. Me arañaba con sus garras, una y otra vez, y no se detenía".

Tuvo que mecerla suavemente durante media hora para que ella estuviera de acuerdo en tratar de volver a dormirse. Y aun así, ella insistió en que le dejara una luz encendida en su habitación. Justo antes de irse, se le cruzó a Davis un pensamiento por la cabeza.

"En esa época, yo no era cristiano", nos dijo más tarde, "pero sentí aun entonces que el Señor me estaba hablando". Dirigiéndose a su hija, le preguntó: "Cariño, el oso que viste en tu sueño, ¿era yo?"

Cuando ella asintió con su pequeña cabecita, eso le dijo todo lo que él necesitaba saber. La abrazó y le pidió que lo perdonara por haber sido tan duro con ella.

El ex Sargento Davis, que hoy es el Dr. Davis, nos dijo más tarde que esa noche había sido un evento que había marcado un hito en su vida. Cambiaría no sólo la manera en que se relacionaba con Margie, sino con cada uno de los hijos que vinieron después.

"Cuando llegué a la puerta y miré a mi hija acostada sobre su cama", nos dijo, "no podía creer lo que había hecho. En ese momento tomé la decisión de que nunca jamás volvería a ser duro con mi hija de esa manera. Jamás haría que ella sintiera que yo era un oso".

Esa decisión se convirtió en un punto de congelamiento emocional. La imagen de su hija sentada en la cama gritando de miedo era tan vívida en su memoria que lo empujó hacia el otro extremo, hacia el lado tierno del amor. Y, a pesar de que era un resultado positivo en muchos aspectos, también tuvo sus desventajas. Al bloquear el aspecto firme de su amor, él cargó sobre los hombros de su esposa todas las responsabilidades propias de la disciplina de los hijos.

El Dr. Davis no es el único. A través de los años, hemos conversado con un sinnúmero de personas que han experimentado un acontecimiento o período que les ha impedido luego expresar el aspecto firme del amor. Yo (Gary) lo he visto en mi propia familia.

Yo soy el menor de cinco hermanos. Justo antes de que yo naciera, mi madre pasó por un punto de congelamiento. Yo tenía una hermana mayor llamada Lorna, quien tenía cinco años en esa época. Según lo que me contó mi madre después, Lorna había hecho algo malo y tenía que ser castigada. El castigo incluyó la paliza que le dio mi mamá con una cuchara de madera.

A pesar de que mi madre no lo sabía en ese momento, varios días antes, Lorna se había clavado una astilla en el brazo mientras jugaba afuera. Ya le dolía, pero luego se le infectó. Sin los poderosos antibióticos que tenemos hoy día, la infección se desparramó rápidamente sin que los doctores la pudieran detener a tiempo, y mi hermana falleció en los brazos de mi madre.

La paliza no tenía nada que ver con la muerte de Lorna, pero mi madre no volvió a castigar nunca jamás a ninguno de sus hijos, ni tampoco le permitía a mi padre que lo hiciera. Estaba destrozada por la pérdida de su hija, y el recuerdo de la paliza justo antes de que Lorna se enfermara, le sumaba una terrible culpa a su dolor.

Yo no la culpo a mi madre por no haber sido capaz de demostrarnos ese aspecto del amor. Pero sé que la falta de disciplina en mi casa me afectó de diversas maneras. Por ejemplo, durante mucho tiempo, tuve dificultades en aceptar reglas porque nunca lo había tenido que hacer en mi casa. Y no me ocurrió solamente a mí. Pude ver cómo afectó a mis hermanos también, en especial a mi hermana, de manera negativa.

Sin embargo, para muchos de nosotros, nuestro lado suave no fue llevado hacia un extremo por algo que ocurrió en el pasado; simplemente siempre estuvo allí. Nosotros éramos los que siempre les llevábamos un plato de sopa a los enfermos o los que recibíamos llamadas en la mitad de la noche para solicitar un favor. Si esta descripción les resulta familiar, el siguiente método para añadir firmeza al amor les resultará de suma importancia.

2. Permitir un breve período de distanciamiento para crear una temporada de cercanía.

En el capítulo 8, incluimos una encuesta para ayudarlos a ver cuán cercanos o distantes tienden a estar en sus relaciones más importantes. Tomen un momento para repasar sus resultados. Si el puntaje fue alto en la escala de la cercanía, eso puede indicar una relación muy positiva. Pero puede también señalar un posible problema cuando se trata de expresar el lado firme del amor.

Por naturaleza, las nutrias y los golden retrievers tienden a ser muy eficientes en el establecimiento de relaciones. Pero si esas relaciones íntimas desarrollan problemas, ellos tratan de justificarlos diciendo: "denle más tiempo para solucionarse", o tratan de ignorar lo que está mal. ¿Por qué? Es el caso típico de las virtudes de una persona llevadas a un extremo para luego convertirse en su mayor debilidad.

Una y otra vez en este libro, los hemos animado a ser firmes con los problemas y tiernos con las personas. Sin embargo, para muchas nutrias y golden retrievers existe un problema básico cuando lo quieren hacer. *Se acercan tanto a las personas que no pueden separar la persona del problema. De modo que comienzan a identificar la corrección legítima con el rechazo personal.*

Yo (John) lo he, sin duda, experimentado. Cuando yo era niño, mi familia era muy unida. Sin embargo, en cierta manera, éramos tan unidos que nunca aprendí a separar lo que la gente hacía de lo que ellos eran. El foco de atención residía tanto en la aceptación personal (quiénes éramos, no lo que hacíamos) que atacar un problema equivalía a atacar a la persona. Y esa incapacidad de aceptar una corrección saludable terminaría siendo un problema más adelante.

Las personas más inseguras son aquellas que no se pueden distanciar lo suficiente de sus seres queridos como para poder corregirlos.

Después que me casé con Cindy y nació nuestra hija, me di cuenta de que estaba repitiendo lo que había experimentado en mi casa. Mucho de lo que le transmitía a los demás era bueno.

Pero también luchaba con corregir a mi hija ya que, de alguna manera, dentro de mí sentía que si la castigaba lo que le decía era que no la aceptaba ni la amaba.

Gracias a Dios, Cindy es un hermoso ejemplo del equilibrio que yo nunca conocí durante mi niñez. Ella ama profundamente a Kari, pero no confunde la desaprobación de sus acciones con su falta de aceptación de ella como persona. Puede ser firme y establecer límites a su conducta, porque dispone de suficiente distancia emocional como para separar la persona del problema.

Ésa es una de las razones por las cuales Kari ama tanto a su mamá y es una de las razones por las cuales ha sido una excelente maestra durante varios años. Sus alumnos siempre supieron que eran amados profundamente, pero también conocían las reglas. Y sabían que ella era lo suficientemente firme como para mantenerlas, aun cuando eso significara que, durante un breve período, tuviera que haber una cierta distancia en la relación.

Las personas más inseguras son aquellas que no se pueden distanciar lo suficiente de sus seres queridos como para poder corregirlos. Temen que si confrontan a un hijo o cónyuge, perderán la relación o, al menos, los *sentimientos* que la acompañan. Aun cuando sea por un breve período de tiempo y por el bien de la otra persona, ellos piensan que confrontar a los demás es como tirar abajo la relación.

En realidad, sus miedos están justificados. Como dice la Biblia, a ningún niño le gusta ser disciplinado. Después de la corrección, por lo general sigue un período de distanciamiento emocional entre el padre y el hijo. Ésta es la razón por la cual los golden retrievers huyen de las confrontaciones. No soportan estar separados emocionalmente de sus seres queridos, aun cuando sea por un breve lapso de tiempo. Pero el amor auténtico reconoce que no abrir con lanceta un furúnculo o no administrar a un niño la medicina que necesita, aun cuando no la deseen y se enojen porque lo realizamos, no es amar de verdad.

Es posible que la disciplina con amor ponga una cierta distancia emocional entre las personas por algunas horas o, en el caso de Esteban, durante algunos meses. Es natural y no deberíamos temerlo. Si equilibramos la corrección estricta con dulzura, no perderemos el amor. En todo caso, lo enriqueceremos.

Hasta ahora, hemos observado dos maneras de aumentar el amor firme. Ahora miremos una tercera: el aprendizaje de una palabra que, por sí sola, puede lograr el fortalecimiento de nuestras relaciones más importantes.

3. *Aprender a utilizar una palabra que pueda salvar nuestras relaciones.*

Es difícil imaginarse el poder increíble de una palabra sola. Hemos visto a personas que asumen el control de su vida, o que lo pierden, por simplemente decir, o no decir, esta palabra: *no*. Es una de las primeras palabras que aprendemos como niños, y la mayoría de nosotros nos convertimos en expertos cuando la usamos repetidas veces a la edad de dos años. Pero en algún momento entre los dos y los veinte años, muchos de nosotros perdemos la capacidad de pronunciarla.

Los golden retrievers y las nutrias tienen especial dificultad en decir que no. Es como si tuvieran un defecto genético que impide que su lengua se mueva dentro de la boca para completar la palabra. En cambio, cuando comienzan a decir que no, lo que sale es: "N-n-n, bueno".

Todos conocemos personas que luchan por decir que no. La mamá cariñosa que tiene que ir todos los días al colegio de su hijo para acercarle algo que se olvidó en casa: su camiseta de fútbol, sus zapatillas de tenis o su almuerzo. Ella comprende que debería decirle que no a su hijo de diecisiete años, quien ya tendría que haber aprendido a ser responsable con sus cosas, pero no puede.

Luego está aquella persona que no sabe decir que no a otro trabajo como voluntaria, aun cuando esa tarea le signifique no pasar tiempo con su familia; o el pastor que añade "sólo una sesión de consejería más" a su ajetreado día porque, después de todo, está llamado al ministerio.

Es útil darnos cuenta de que Jesús decía que no. Cuando le pidieron que viniera a sanar a Lázaro, dijo que no. En cambio, permaneció allí donde estaba durante tres días, y Lázaro falleció. Jesús dijo que no cuando la turba deseaba coronarlo rey, sabiendo que su reinado sobre la tierra tendría lugar en su siguiente venida. Les dijo que no a sus discípulos cuando estos le pidieron sentarse a su mano derecha, y les dijo que no a sus acusadores cuando lo tentaron a responder a sus cargos injustos. Jesús decía a menudo que no, y tenía buenas razones para hacerlo.

Por supuesto, eso no quiere decir que deberíamos decirle que no a todo. Si realmente creemos que algo es importante, quizás tengamos que decir que sí, aun cuando nos cueste tiempo y esfuerzo. Pero existen al menos cinco razones por las cuales deberíamos decir que no, como lo hizo Cristo, y valernos del lado firme del amor para hacerlo.

El no saber decir que no puede permitir que ciertas actitudes indeseables se arraiguen en nuestros hogares. No nos gusta decirlo, pero algunos padres deberían ser denunciados por contribuir a la delincuencia de sus hijos menores. Cuando no les dicen que no, inculcan una cierta impotencia y, a un cierto grado, un nivel de irresponsabilidad en sus hijos.

Los niños son inteligentes. Si mamá o papá están dispuestos a hacer las cosas por ellos, ¿por qué van a limpiar sus habitaciones, hacer los deberes, aprender a ahorrar dinero en vez de gastarlo, o practicar otras responsabilidades que habrían de necesitar más adelante? Es difícil decir que no a los niños y lograr que ellos acepten las consecuencias de sus acciones. Pero, a veces, ellos necesitan el aspecto firme del amor para poder crear hábitos positivos y evitar los negativos.

El no saber decir que no nos impide hacer lo que es realmente importante. Una y otra vez, hemos visto a personas que no pueden decir que no a aquellas cosas que son importantes para los demás, y luego terminan sacrificando lo que es realmente importante en sus propios hogares.

Tomemos el caso de Marcos, por ejemplo. Su necesidad como nutria de caerles bien a los demás en el trabajo significaba que se pasaba bastante tiempo ayudándolos a realizar sus tareas. Asumió tantas tareas que deberían haber estado sobre el escritorio de las demás personas, nunca negándose a un pedido, que no le quedaba tiempo suficiente para hacer su propio trabajo. A menudo, tenía que llevarse su trabajo a casa para estar al día, lo cual le quitaba el tiempo que tendría que haber estado reservado para su familia.

Las personas que no pueden decir que no se ven tan atrapadas por las necesidades urgentes de otras personas que descuidan lo que es realmente importante en su propia vida: sus momentos de tranquilidad, tiempo con los niños y las responsabilidades del hogar.

El no saber decir que no puede permitir que se acumulen tensión y resentimiento. Doris era una maestra nueva y durante casi un año su "iniciación" consistió en permitir que el director de la escuela le diera para hacer todas aquellas tareas que nadie quería realizar. Como sentía que no podía opinar, aceptaba todas las tareas extras que se le adjudicaran. Pero, a pesar de que aceptó cada tarea adicional sin decir una sola palabra, por dentro estaba gritándose a si misma y al director, sintiéndose usada.

Por último, cerca del fin de año escolar, cuando el director le añadió otra tarea más, ella explotó. "Doris", le dijo con él sorprendido, "si te sentías abrumada, por qué no me lo has dicho. Yo puedo conseguir a alguna otra persona para realizar la tarea".

Como leal golden retriever, ella pensó que decirle que no al director hubiera sido una afrenta personal. Si no le hubieran importado tanto la escuela y su empleo, le habría sido más fácil negarse. Pero su profundidad natural de compromiso la llevó a aceptar todo lo que le daban para hacer hasta que llegó a una crisis. Su resentimiento hacia el director afectó su sueño, su dieta y su actitud hacia el trabajo. Sin embargo, mientras llevaba la carga, jamás expresó lo que sentía. Hasta que finalmente reaccionó.

La gente que guarda su frustración y que no es firme con los demás cuando sea necesario paga un alto precio por ello.

Hace varios años, cuando yo (Gary) formaba parte del personal de una gran organización, supervisaba a un hombre que llamaré Daniel. Era un experto en su campo, pero además era un experto en evitar todo tipo de confrontación. Odiaba decirle que no a la gente, y no podía lograr corregir a aquellos que trabajaban para él.

Daniel tenía un empleado que pasaba demasiado tiempo conversando con los demás. Este empleado era muy agradable, pero no sabía cuándo dejar de hablar y comenzar a trabajar. Para empeorar aún más las cosas, el jefe de nuestra organización lo veía detener su trabajo para ponerse a charlar con cualquiera que pasara a su lado. Después de algún tiempo, se convirtió en algo tan irritante que el jefe me dijo que yo tenía que hacer algo al respecto. Me pidió que le dijera a Daniel, el supervisor de este hombre, que se ocupara del problema, lo cual significaba que yo tenía que llamarle la atención al Sr. "Nunca digo que no" (Daniel).

De una manera amable, le dije cuál era el problema y le brindé algunas sugerencias. Varias veces se lo volví a mencionar, y él me aseguró que se ocuparía de ello. Pero jamás lo hizo.

Hice todo lo posible para ayudarlo a superar su miedo a confrontar a este empleado. Hablamos, practicamos, lo animé, él prometió, y aún así no pasó nada. No podía enfrentarse a la situación y decirle: "No, tú no puedes tomarte un recreo cada vez que alguien pasa caminando a tu lado". Esto se convirtió en un problema tan grande que puso en peligro el empleo de este gerente y lo sometió a una gran presión.

El no saber decir que no puede cortar las comunicaciones importantes por la mitad.

Es más, Daniel desarrolló graves problemas de salud que estaban relacionados al estrés, según le dijo su médico. Al poco tiempo se jubiló, y unos pocos años después murió como consecuencia de esas complicaciones. Estoy seguro de que Daniel no tenía conciencia en ese momento del increíble precio que estaba pagando por no poder ocuparse de los problemas. Cuando por fin descubrió lo malsano que era almacenar sus miedos y frustraciones en su interior, ya era demasiado tarde.

Uno de los mayores obstáculos que enfrenta la persona blanda es estar dispuesta a confrontar a los demás y decir que no. De hecho, varios consejeros cristianos de primera nos han dicho que *es mucho más fácil lograr que una persona estricta se ablande que lograr que una persona blanda se endurezca.* Es casi como si existiera un interruptor emocional que cancelara los intentos de la persona blanda de confrontar a los demás y decir que no.

El no saber decir que no puede cortar las comunicaciones importantes por la mitad. Como lo demuestra el caso de Daniel, cuando las personas se niega a enfrentar una situación difícil (como decirle que no a una persona), suprimen la importante conversación que podría suscitarse al expresar sus verdaderos sentimientos.

Una de las razones por las que la gente tiene dificultad en decir que no es que suscita preguntas. Por ejemplo, si le decimos a nuestra hija adolescente: "No, no puedes ir a ver esa película", lo que escucharemos a continuación probablemente será: "Pero, ¿por qué, Papá/Mamá? Todos mis amigos van a ir a verla".

A menudo, lo que no nos damos cuenta es que si no decimos que no, perdemos la oportunidad de enseñar algo importante a los demás. Quizás hoy evitemos una discusión acalorada, pero también perdemos la oportunidad de decir algo que pueda quizás afectar el resto de la vida de la otra persona.

No hace mucho tiempo, yo (Gary) me di cuenta de que tenía que decirle que no a uno de nuestros empleados. Este hombre es tan eficiente que otros ministerios y compañías estaban solicitando continuamente su ayuda. Pronto, su talento estaba dedicado más a los proyectos ajenos que a aquellos dentro de nuestra organización: Today's Family.

Como nutria, a mí me gustan las relaciones amistosas y positivas, lo cual es una manera elegante de decir que no me gusta decirle que no a la gente. Durante meses, pospuse la necesidad de confrontarlo con lo que estaba ocurriendo, pensando que él mismo se daría cuenta del problema o que simplemente dejarían de venir los pedidos de ayuda. Pero él nunca se percató del problema ni los pedidos dejaron de venir. Y yo me sentía cada vez más resentido.

A pesar de que en mi casa no tengo problema en ser duro con mi esposa y mis hijos, en la oficina tiendo a ser demasiado blando. Por fin, me di cuenta de que al no confrontarlo, *yo* era el que estaba pagando el precio emocional. Así que lo llamé a mi oficina y le expliqué mis inquietudes.

Nuestra reunión fue tan positiva que me costaba creer que yo hubiera estado posponiéndola durante meses. De inmediato, él vio el problema que yo le señalaba y decidió cancelar casi un cien por ciento de los proyectos fuera de nuestra organización mientras que nosotros estuviéramos tapados de trabajo. Al estar dispuesto a ingresar en una discusión firme, no sólo descargué una tonelada de tensión personal, sino que recuperé un empleado valioso.

El no saber decir que no nos impide ver la verdad. Muchos de nosotros estamos familiarizados con un término que los actuales programas de entrevistas por televisión y los libros de autoayuda han ayudado a popularizar: la codependencia. Esta palabra describe la manera en que Marta aprendió a vivir con su esposo alcohólico.

Marta era la típica abuela perfecta: siempre dispuesta a ayudar a sus hijos; siempre pronta a cuidar a los nietos. Su único problema era que se pasaba la vida disculpándose por la conducta de su esposo.

Roberto era un alcohólico que mantenía su empleo pero que también se tomaba varias latas de cerveza por noche, y más aún durante los fines de semana. Si el amor tierno fuera lo único que se necesitara para cambiar a una persona, el amor de Marta lo habría cambiado a Roberto. Pero no fue así. Y, a medida que pasaban los años, su vicio era cada vez peor. Ella se dio cuenta de que se estaba convirtiendo en una experta en mentiras piadosas.

Ella les decía a sus hijos que "había surgido un asunto" que había impedido que papá viniera a la reunión familiar; o que "se había pescado algo" y que, por lo tanto, tendría que venir a visitar el nuevo bebé otro día.

La única engañada era Marta, pero sus hijos fingían que ella los estaba engañando a ellos también. No es que le gustara mentir. Pero su amor extremadamente blando hacía que proteger a su esposo y mantener la paz en la familia fuera más importante que la verdad misma.

Hemos escuchado que la gente dice: "Seguro, me encantaría ir a ver esa película", cuando en realidad no desean ir o piensan que es algo que no deberían hacer. Hemos visto a otros que disculpan el comportamiento de un amigo, diciendo: "Ah, él me devolverá el dinero. Sólo lo necesita por algún tiempo más". Y, con demasiada frecuencia, hemos visto a personas que, como Marta, con el fin de proteger a su marido, previenen eficazmente su curación.

Esas personas no piensan que sean mentirosas, pero el no poder dar ambos aspectos del amor a la gente que los necesita, hace que lo sean. El Evangelio de Juan contiene un versículo que suena tierno y sencillo. Sin embargo, puede ser verdaderamente preciso: "Conocerán la verdad, y la verdad los hará libres".[30] Desafortunadamente, muchas personas pierden la libertad de seguir el camino de la verdad. Tienen temor de ejercitar la clase de amor que enfrenta los problemas, porque tienen miedo de decir: "No, esto está mal y yo necesito ocuparme de ello".

Pienso que hemos expuesto nuestros argumentos a favor de la necesidad de pronunciar esa pequeña palabra firme, increíblemente importante para lograr el fortalecimiento de las relaciones. Pero, ¿cómo logramos que un golden retriever se convierta en algo más parecido a un perro guardián y que una nutria obtenga la fortaleza de un león?

No hay duda de que comienza mediante la práctica de decir que no. El Dr. Howard Hendricks, uno de mis profesores en el seminario (de John), observó que mi inclinación natural como nutria era la de complacer a la gente. Y, en una de las clases de discipulado que tuve con él, me dio un excelente consejo: "John, practica decir que no por lo menos una vez al día. Aun cuando sea negarte a comer un segundo trozo de pastel, ¡obtén una costumbre que te será útil por el resto de tu vida!"

Hasta aquí, hemos visto tres de los métodos para añadir firmeza a nuestra vida. En el siguiente capítulo, observaremos siete maneras más de hacerlo, comenzando con una que se ocupa quizás de la mayor dificultad de la gente blanda.

♌

CAPÍTULO ONCE

Cómo Añadir el Amor Firme
de una Manera Sana: Segunda parte

TIMOTEO SABÍA que estaba en serios problemas. Esta vez, Marcia no estaba solamente hablando de irse, sino que estaba haciendo algo al respecto. La voz de un abogado de divorcios en el contestador automático del teléfono, devolviendo su llamada, no se transformaba en una charla informal, no importa cuántas veces volviera a pasar el mensaje. Desafortunadamente, había sido su incapacidad de valerse del lado firme de su amor lo que lo había llevado a Timoteo al borde del divorcio.

De inmediato, en el colegio secundario, había sido su corazón sensible lo que había atraído a Marcia. A menos de un año de la graduación, ya estaban casados. Pero, a medida que transcurrieron los años, su dulzura resultó cada vez menos atractiva, sobre todo cuando surgían los verdaderos problemas y él no disponía de la fortaleza necesaria para enfrentarlos.

Timoteo pasaba de un empleo a otro, siempre trabajando por debajo de sus habilidades y trayendo a casa mucho menos dinero de lo necesario. Cuando comenzaba un trabajo nuevo, él era magnífico, pero una vez que se convertía en una rutina, ya no podía quedarse allí. A Marcia no le importaba tener que trabajar. Pero al poco tiempo fue evidente que, si ella no trabajaba, aun después de que nacieron los hijos, no había ni suficiente para comer.

Con cada cambio de empleo, la autoconfianza de Timoteo descendía y su peso aumentaba. Siempre buscaba cosas nuevas: alguna oportunidad que lo sacara instantáneamente de sus aprietos. El sorteo semanal de la lotería estatal era siempre el punto culminante de la semana. Sólo sabía que algún día la ganaría y entonces todo sería diferente, aun cuando sus posibilidades de ganar fueran menores que las de ser partido dos veces por un rayo.

Ese "algo" que buscaba para que lo rescatara de su necesidad de cambiar nunca llegó. Y después de casi veinte años de matrimonio, ellos habían finalmente tocado fondo. Marcia estaba tan frustrada de esperar que él tomara el primer paso para recuperar su autoconfianza y un empleo como la gente que decidió contactar un abogado.

Cuando se lo lleva a un extremo, como fácilmente ocurre, el dejar las cosas para mañana tiene el poder de hacer que la gente pierda su empleo, esté sumida en pecado y confinada a la frustración y desesperanza.

Como tanta gente, ¿por qué Timoteo, sabiendo lo que tenía que hacer, se mostraba tan reticente a hacerlo? ¿Por qué no podía ser más disciplinado y espiritualmente fuerte, añadiendo el aspecto firme del amor a su suavidad natural?

Timoteo se enfrentaba a uno de los mayores obstáculos que impiden que hagamos los ajustes interiores necesarios. Ya sea la necesidad de ser más firmes o más blandos, el futuro de nuestras relaciones bien podría depender de nuestra capacidad de realizar tales cambios. Sin embargo, a menudo nos parece que estamos aprisionados por unos brazos gigantescos que no nos permiten avanzar hasta que la oportunidad de cambio haya pasado.

El mayor obstáculo al cambio se resume a una breve frase: *dejar las cosas para mañana.* El superar esta barrera es la cuarta manera de añadir una firmeza saludable a nuestra vida. En la superficie parece como un problema inocente. Todos acostumbramos a dejar cosas para mañana, ¿no es verdad? Sin embargo, cuando se lo lleva a un extremo, como fácilmente ocurre, el dejar las cosas para mañana tiene el poder de hacer que la gente pierda su empleo, esté sumida en pecado y confinada a la frustración y desesperanza.

Ésa es la razón por lo cual no nos podemos dar el lujo de ignorar este enorme problema. A pesar de que, sin duda, puede acometer a un león o castor, las personas naturalmente tiernas son las más vulnerables a él. Observemos este problema desde tres ángulos diferentes y veamos tres maneras prácticas de superarlo.

Tómenlo de dos autores que se han pasado años investigando personalmente este problema y que dejaron este capítulo para el final: cómo aprender a vences este gigante puede ayudarnos muchísimo a enriquecer nuestras relaciones. Y tómenlo de Timoteo: si él pudo aprender a derrotar este problema, que fue lo que ocurrió, ustedes pueden hacerlo también.

4. *Enfrentar el meollo mismo del problema de dejar las cosas para mañana.*

¿Les gustaría tener el título mundial de "Expertos en dejar las cosas para mañana"? No, no es título que pueda ganar su cónyuge. Ni siquiera se lo ganan esos hombres que estaban recientemente en la primera página de nuestro periódico local como los diez peores de toda la ciudad en lo pertinente al pago del sustento para sus hijos.

Esos hombres pueden quizás obtener una fama poco favorable durante un breve período de tiempo. Pero nada se compara al más famoso de la historia: Félix. Él era un gobernador romano, y como su historia está registrada en el libro de mayor venta del mundo, la Biblia, en cuanto a dejar las cosas para mañana, él es el más famoso de toda la historia. Si miramos su experiencia en el libro de Hechos, podemos aprender mucho sobre el problema.

Los líderes judíos de esa época habían capturado al apóstol Pablo y lo habían traído frente a Félix. Ellos deseaban que Pablo fuera condenado a muerte, pero Félix estaba interesado en lo que ese hombre tenía para decir, de modo que ordenó que lo trajeran ante su presencia: "Al disertar Pablo sobre la justicia, el dominio propio y el juicio venidero, Félix tuvo miedo y le dijo: "¡Basta por ahora! Puedes retirarte. Cuando sea oportuno te mandaré llamar otra vez.""[31]

Las palabras de Pablo lo habían convencido a Félix de que necesitaba cambiar ciertas áreas de su vida. Pero entonces, como ahora, *la convicción sólo nos señala los cambios que tenemos que hacer, pero no los realiza por nosotros.* Y algo provocó un cortocircuito en el proceso. ¿Lo notaron en las Escrituras? Después de escuchar sobre la justicia, el dominio propio y el juicio venidero, Félix *tuvo miedo.*

Cuando dejamos las cosas para mañana, lo que yace en el meollo del problema es una palabra de cinco letras: *miedo.* Cuando aplazamos cambios interiores que sean necesarios, son seis los tipos de miedo que pueden estar sujetándonos.

El primero de ellos es el *miedo a la disciplina.* Timoteo temía, por encima de todo, tener que convertirse en una persona disciplinada. No deseaba que le dijeran que tenía que ejercitar autocontrol, porque eso significaba que debía renunciar a ciertos apetitos que le resultaban placenteros. Eso es lo que ocurre con muchas personas que "no pueden" hacer gimnasia, leer la Biblia, compartir su fe, o confrontar a personas o situaciones problemáticas. Temen convertirse en personas demasiado rígidas o demasiado concientes de las reglas, de modo que evitan la disciplina estricta que podría, en realidad, darles descanso.

Un segundo temor que hace que las personas pospongan sus tareas para el futuro es el *miedo al fracaso*. Para algunas personas, la posibilidad de fracasar es tan amenazante que jamás comienzan un proyecto ni tratan de realizar cambios. Esto es particularmente cierto de aquellos que tienden a ser perfeccionistas. En lo concerniente a ellos, prefieren no hacer nada y no enfrentarse al riesgo de fracasar antes que intentarlo y no lograr su cometido. Ése era parte del problema de Timoteo. A pesar de su desaliño y falta de organización, él tenía un alto puntaje en la escala de los castores. Sin embargo no deseaba tratar de encontrar un empleo realmente bueno y que luego se dieran cuenta de que no servía.

Un tercer temor que retiene a las personas es el *miedo al éxito*. Algunas personas tienen miedo a cambiar porque el éxito los pondría a la vista de todos, y ellos desean mantenerse al margen de las cosas. Otros están plagados por la culpa o por sentimientos de inferioridad y piensan que no merecen triunfar. Encuentran maneras de justificarse e incluso lo rechazan.

Otros temen que el éxito les traiga rechazo. Conocemos a una mujer joven muy inteligente que había obtenido una beca para asistir a la universidad local. Sin embargo, después de dos semestres, dejó de concurrir a las clases y abandonó sus estudios. ¿Por qué? Era el único miembro de la familia en ir a la universidad. En su interior, ella temía que cada paso que tomaba hacia el éxito académico era otro paso más que la alejaba de sus seres queridos.

Otros temen el éxito porque piensan que una vez que hayan logrado algo, esto significa que habrá otra cima que escalar, una que será aún más alta. Y algunos temen el éxito porque saben que el alcanzar un objetivo largamente deseado podría darles una sensación de vacío y falta de propósito.

Hace algunos años, nos pidieron que aconsejáramos a una persona extremadamente exitosa que acababa de obtener el más alto honor de su industria. En vez de entusiasmarlo, lo había deprimido profundamente. Había vivido anhelando conseguir ese premio, pero así como vivir para todo aquello que no sea la Fuente de vida, una vez que lo obtuvo, se sintió vacío y muy desgraciado por dentro.

Un cuarto temor que nos lleva a dejar las cosas para mañana es el *miedo a descubrir nuestras limitaciones*. El posponer las cosas permite que la gente se consuele pensando que su capacidad es mayor que su desempeño. Toleran mejor culparse por ser desorganizados o perezosos que sentir que son inadecuados o de poco valor. Timoteo habría sido un excelente apoyo o número dos. Pero no cejaba en sus intentos de obtener el mejor puesto en una empresa en vez de admitir que su talento era en el área de la producción y no en la gerencia.

Un cuarto temor que nos lleva a dejar todo para mañana es el *miedo al compromiso*. Una vez hablamos con un hombre que no quería que lo ayudaran. Era un esposo y padre terrible, y quizás lo único positivo que podríamos decir de él es que era honesto en cuanto a la razón por la que estaba dejando a su esposa e hijos.

"Francamente, yo *sé* lo que cuesta tener una familia sólida", nos dijo, "y no estoy dispuesto a pagar el precio necesario". Sabía que un compromiso con su familia probablemente equivaldría a pasar tiempo con ellos. Y estaba tan consumido por su carrera y éxito financiero que su temor a que semejante compromiso le costara mucho dinero era mayor que el temor a perder su familia.

El sexto temor es el *miedo a ser controlados*. Para Félix, y para toda aquella persona que deje las cosas para más adelante en respuesta a desafíos espirituales, esta última forma de miedo es a menudo la primera en la lista. Muchas personas sienten correctamente la falta de control que proviene del hecho de entregarse totalmente a las manos de Dios. Y si el temor es lo suficientemente poderoso, cuando Dios golpea a la puerta de su corazón, ellos la cierran de un golpe.

Cuando tenemos miedo y aplazamos los cambios, el problema contra el que estamos luchando es generalmente moral y no intelectual. No es que no entendamos lo que Dios nos esté pidiendo, sino que lo entendemos *demasiado bien*. No deseamos dejar de lado lo que estamos persiguiendo en la vida para ir en la dirección marcada por Él. Félix deseaba escuchar sobre Jesús, pero no deseaba que Él se le acercara tanto como para cambiarlo. Timoteo casi nunca dejaba de ir a la iglesia los domingos, pero sabía en su corazón que su mayor temor era el de entregarse por completo al Señor.

Como pueden ver, dos o más de estos seis tipos de miedos se pueden fácilmente combinar para bloquear la capacidad de una persona de realizar los cambios necesarios, lo cual es algo que sabemos de nuestra lectura de la Biblia. "El amor perfecto echa fuera el temor" es una afirmación conocida de 1 Juan 4.18. Pero lo contrario es igualmente cierto. Aquellos que permiten que el miedo controle su vida aman cada vez menos.

¿Qué debemos hacer cuando nos damos cuenta de que estamos aplazando la necesidad de ser más blandos o más firmes?

Lo primero que tenemos que hacer es enfrentar el miedo. Escojan ahora mismo un área de su vida donde estén aplazando el cambio. Quizás ustedes sean un león y necesiten convertirse más en un golden retriever con sus hijos: darles un mayor respaldo y dejar de ser tan exigentes. O quizás sean una nutria que haya comenzado cien proyectos este año, pero necesiten añadir una cantidad suficiente de cualidades de los castores para finalizar algunos de ellos y salvar su empleo. Quizás sean, como

Timoteo, un retriever que necesita permanecer estable en un empleo en vez de realizar cambios todos los meses.

¿Qué les impide realizar esos cambios? Lo primero es sin duda el temor. Y el primer paso para poder derrotar el miedo es enfrentarlo y descubrir qué clase de miedo es el que nos retiene. ¿Cuál es el siguiente paso? Es el quinto en nuestra serie de diez pasos para agregar una firmeza saludable a nuestra vida.

5. Evitar la trampa de confiar en un cambio instantáneo.

Si el miedo es el combustible que nos hace posponer los cambios necesarios, la esperanza de un cambio fácil e instantáneo agrega un turbocompresor al problema. Casi todos los días, algo o alguien lo convencía a Timoteo de que debía comenzar a ser más firme, más aguerrido, más constante, más disciplinado y asemejarse más a un líder espiritual: todos rasgos de dureza. Pero nunca entró en acción. Sin embargo, con la esperanza de obtener instantáneamente suficiente dinero como para ocultar su necesidad de cambiar, nunca dejaba de comprar billetes de lotería. Al igual que él, la codependiente Marcia se aferraba a su ilusión de que algún día su esposo se despertaría curado de su alcoholismo en vez de vivir en un ebrio estupor.

El problema de basar nuestra vida en semejantes sueños es que algún día nos tendremos que despertar: de eso no hay duda. En algún momento durante sus veinte años de matrimonio, Timoteo podría haber tomado un empleo estable para ganar aquellas cosas que deseaba para Marcia. Pero era más fácil aferrarse al sueño del billete de lotería, del plan de mercadeo, de ese *algo* que transfiguraría completamente su vida. Pero en el momento en que escuchó el mensaje del abogado en el contestador automático, sus sueños se hicieron trizas.

Nos encantaría que hubiera una manera sencilla de cambiar, pero todo rasgo firme o tierno que tengamos que añadir a nuestra vida ingresará de la manera antigua: mediante nuestra persistencia diaria.

Los expertos dicen que necesitamos repetir algo durante veintiún días para que se convierta en una costumbre. No nos despertamos una mañana con la capacidad nueva de corregir a nuestros hijos con amor, ser firmes con nuestro cónyuge, o confrontar a un amigo. Esas habilidades de firmeza las conseguimos mediante la dureza de carácter que las solidifica, una a una, en el centro mismo de nuestra vida. Y una manera magnífica de comenzar ese proceso es con el siguiente concepto.

6. Permitirnos ser responsables ante los demás.

Cuando Cindy y yo (John) nos casamos, yo me encontraba en la parte superior de la escala de las nutrias y en la parte inferior de todas las demás. Mi gráfico parecía un electrocardiograma con un solo pico. Eso significa que yo era básicamente amistoso, amante de la diversión, tierno con la gente, y mucho más tierno aún con las responsabilidades tales como cuadrar el saldo de mi chequera.

Durante nuestros primeros años de matrimonio, llevé mi tendencia a dejar las cosas para mañana a su máxima expresión (o máxima profundidad), ya que mes tras mes posponía hacer el balance de nuestra libreta de cheques hasta el último minuto. Olvídense del hecho de que estaba casado con un castor que podría haber manejado su propia firma de contaduría. Yo era el "hombre" de la familia, y no iba a permitir que unos pocos cheques rechazados me impidieran proseguir con mi fácil, aunque poco exitoso, método de contabilidad.

Mi método era similar al descrito por nuestros buenos amigos Chuck y Barb Snyder en su libro, extremadamente útil, *Incompatibilidad: Grounds for a Great Marriage* (Questar, 1988). Este procedimiento de contabilidad que, gracias a Dios, no es muy utilizado por los demás, consiste en esperar hasta que llegue el

extracto de cuenta del banco y luego simplemente tachar el saldo en nuestra chequera, anotar su saldo, cerrar la chequera, ¡y
listo! (Después de todo, ¡los empleados del banco han estudiado
ciencias económicas y tienen computadoras!)

Este enfoque nos lleva (además de llevarnos a la miseria) a
cambiar de banco constantemente, que es exactamente lo que
yo hacía. De esa manera por fin sabía, aunque más no fuera por
un breve lapso, cuál era nuestro saldo.

Como podrán imaginarse, mi irresponsabilidad fiscal le estaba causando un tremendo estrés a mi esposa. Y, por desgracia, yo
no podía imprimir dinero nuevo para salir de nuestros problemas, así como lo hace el gobierno.

Me hace feliz decirles que a la larga dejé de aplazar las cosas
en esta área de mi vida, y lo que me ayudó a lograrlo fue el
método más poderoso que conocemos para derrotar el problema: responsabilidad. Hemos buscado en las Escrituras y en cada
libro que pudimos encontrar sobre el tema, y hemos llegado a la
conclusión que la responsabilidad amorosa es la *principal* herramienta de Dios para impedir que una persona deje las cosas para
mañana y comience a realizar los cambios necesarios, ya sean
firmes o tiernos. Observen qué fue lo que ocurrió en mi vida.

La responsabilidad amorosa es la principal *herramienta de Dios para*
impedir que una persona deje las cosas para mañana y comience a
realizar los cambios que sean necesarios.

Cuando nos mudamos de Arizona a Texas, me uní a un pequeño grupo de hombres en un grupo de responsabilidad mu-
tua de nuestra iglesia. El grupo tenía tres nutrias en él, incluyén-
dome a mí, y un castor: un hombre llamado Doug Childress.

Cuando comenzamos el grupo, nosotros, las nutrias, decíamos siempre lo mismo sobre nuestra vida espiritual y familiar: ¿Cómo fue la semana? ¡Magnífica! Después de unas pocas semanas de reunirnos las tres nutrias y felicitarnos los unos a los otros durante el desayuno por la magnífica obra realizada, Doug decidió hacer algo propio de los castores: inspeccionar un poco las cosas.

Nunca me olvidaré la primera noche en que Doug llamó a casa y pidió hablar con… Cindy. Fue entonces que le preguntó: "¿Qué tal es John como esposo y padre?" y "Existe algún área en su vida que necesite esforzarse por mejorar, mientras que lo ayudo a ser responsable por ella?"

Se podrán imaginar en el problema que me metí después de esa primera llamada. Pero no sería la última. Doug estaba dedicado a ser mi amigo, tanto es así que, semana tras semana, me pedía que le rindiera cuentas de mis acciones. Y pronto, a pesar de mí mismo, me encontré añadiendo más características de castor a mi vida: como sacar el saldo de mi libreta de cheques de la manera correcta y ver cómo mejoraba mi relación con Cindy gracias a ello. Incluso comencé a llamar a su esposa, Judie, para preguntarle qué tal le iba a *él* como esposo.

¿Existe alguien en la vida de ustedes que pueda ser un Doug Childress, alguien que pueda hacerles las preguntas difíciles, no para lastimarlos, sino para ayudarlos e incentivarlos? Recuerden: sólo los sabios buscan responsabilidad, mientras que los necios resisten la corrección. A nadie le gusta que un amigo le señale sus faltas, pero si lo hace con cariño para nuestro bien, incluso los fuertes brazos de nuestro deseo de dejar las cosas para mañana comenzarán a debilitarse. Todos necesitamos alguien que, así como "el hierro se afila con el hierro",[32] pueda tallar los bordes ásperos de nuestra vida.

El aprender a no dejar todo para mañana no es la única manera de añadir firmeza a nuestra vida. El séptimo método que observaremos se vale de la fortaleza natural de las nutrias y los golden retrievers para trazar el camino para que nuestros seres queridos acepten nuestra firmeza.

7. Construir puentes de relación para transportar las palabras duras.

Las nutrias y los golden retrievers son excelentes en la construcción de puentes de relación. Disfrutan la cercanía de los demás y pueden, casi de inmediato, construir un ambiente de calidez y respeto mutuo. Ese talento es crucial para expresar el aspecto firme del amor a los demás. Como lo señala un conocido versículo bíblico: "Más confiable es el amigo que hiere que el enemigo que besa".[33]

¿Han conocido a individuos tan duros que piensan que este versículo quiere decir que el herirnos los *convierte* en nuestros amigos? Eso no es lo que significa. Más bien, lo que significa es que podemos acercarnos tanto a los demás que les podemos decir las cosas más difíciles y ellos las interpretan como algo fiel y lleno de cariño.

No podemos incentivarlos lo suficiente a que formen relaciones sólidas e íntimas mediante el uso de todos los talentos sustanciosos del lado tierno del amor. Al hacerlo, estaremos construyendo el puente más sólido para transportar palabras firmes pero cariñosas cuando las tengamos que pronunciar. Los leones y los castores son los que necesitan esforzarse especialmente en lograrlo.[34] Pero las nutrias y los golden retrievers necesitan comprender también algo muy importante.

Una vez que se hayan construido esos puentes de amistad, tenemos que cruzarlos cuando sea necesario hacerlo. Permítannos darles un ejemplo.

Al poco tiempo de graduarme (John) del seminario y haber aceptado mi primer empleo como pastor adjunto, me pidieron que aconsejara a una joven pareja a punto de casarse. Ellos estaban seguros de que eran el uno para el otro, y deseaban que yo presidiera la ceremonia. Después de reunirme con ellos cuatro veces, estaba seguro de que me estaban embaucando. Quizás ellos pensaran que estaban listos para el matrimonio, pero eran inmaduros y tenían graves problemas personales. Según me enteré más tarde y a pesar de que me aseguraran de que no era así, ellos estaban comportándose con inmoralidad.

Sin embargo, el padre de la joven era un antiguo miembro de la iglesia, ya se habían enviado las invitaciones para la boda y la iglesia había sido reservada. De modo que, para mi vergüenza, permití que la presión del momento me hiciera poner de lado mis inquietudes en cuanto a la celebración del servicio. Tendría que haberle dicho a la pareja: "No, no puedo celebrar la boda, y ustedes no deberían encontrar a ninguna otra persona que lo haga tampoco. Primero tienen que dejar pasar mucho tiempo y recibir más consejería". Pero no lo hice.

En nuestras reuniones de consejería, yo había ciertamente construido un puente de amistad y respeto con esta pareja. Pero cuando llegó el momento de expresar el lado firme del amor, nunca crucé ese puente. Y menos de un año después, supe por su padre un domingo a la mañana que estaban por divorciarse.

Los pastores no son infalibles. Además era la primera pareja a la que había aconsejado. Pero sabía en mi corazón que ésas no eran más que vanas excusas por mi incapacidad de ser firme con amor.

Esta experiencia me enseñó muchas cosas. Aún utilizo mi inclinación hacia la ternura para construir puentes con muchas parejas que aconsejo en la clase prematrimonial de nuestra iglesia. Pero ahora me fuerzo a cruzar el puente para decir las cosas duras que sean necesarias, aun cuando esas palabras sean: "Lo siento, pero ustedes no deberían casarse".

8. *Dividir los cambios rigurosos en pequeños pasos.*

Debbie era la madre frustrada de una jovencita de unos doce

a trece años de edad. Ella sabía que tenía que ser más dura con su hija en diversas áreas de su vida. Pero como golden retriever, nunca jamás había sido áspera con nadie.

La ayudamos entonces a dividir en pasos concretos los cambios que deseaba ver en su hija. Primero, le pedimos que escogiera un área donde sentía que tenía que ser más firme con su hija. Al instante, ella nos dijo que estaba cansada de que, cada vez que su hija volvía de la escuela, parecía que un tornado había azotado la casa.

Luego le pedimos a Debbie que anotara exactamente qué eran las cosas lo que su hija hacía antes y después de la escuela que la frustraban. Después de una semana de anotar, nos trajo una lista de casi treinta cosas. Las redujimos a tres cosas que ella realmente deseaba que la muchacha hiciera cuando llegaba a casa: llevar sus libros y su ropa a su habitación; lavar los platos o cubiertos que usara cuando se servía un bocadillo; mantener la música del estéreo a un volumen que no acribillara los oídos.

A ese punto, no hubiera sido suficiente con decirle a Debbie: "Ahora tienes que ser más firme con tu hija en estas cosas". En cambio, escribimos un contrato familiar con esas tres cosas en él, según lo habíamos conversado previamente. Les llevó algún tiempo a Debbie y su hija acostumbrarse a este nuevo sistema, y a rendirnos cuentas durante las sesiones de consejería, pero pronto la tierna Debbie estaba señalando las consecuencias que había puesto por escrito en vez de tirarse de los pelos. Al dividir las nuevas exigencias firmes en pequeños pasos, ella pudo resolver el problema sin destrozar sus sentimientos ni su relación con su hija.

9. Fortalecer nuestra confianza espiritual.

En el siguiente capítulo conversaremos sobre los increíbles beneficios de concordar nuestro amor al de nuestro Salvador. Sin embargo, deseamos aclarar en este capítulo que tener confianza en lo que Dios ha dicho en su Palabra es una ayuda poderosa para expresar el lado firme del amor.

¿Recuerdan a Esteban, el padre golden retriever cuya historia dio inicio a nuestra observación sobre cómo añadir firmeza a nuestro amor? Lo que le dio la fuerza para ser más duro con su hija fue la confianza de que lo que estaba haciendo era lo correcto delante de los ojos de Dios.

Cuanto más claramente comprendamos a nuestro Dios y su propósito para nuestra vida, tanto más fácil será suministrar el aspecto del amor que nuestra familia necesite. Dicho de otra manera, cuanto más seguros y satisfechos estemos con Cristo como nuestro proveedor y fuente de vida, tanto más fuerza tendremos para ayudar a que los demás sean lo que Dios desea.

¿Dónde obtenemos semejante nivel de confianza? Estudiando la Escrituras, primero, y luego leyendo devocionarios y libros que nos hagan pensar y que nos puedan ayudar a profundizar nuestra vida espiritual. En especial nos gusta la obra de autores tales como Max Lucado, Ken Gire y Charles Swindoll.[35]

Hemos visto nueve maneras de añadir una firmeza saludable a nuestro amor:

1. Reconocer el efecto de los puntos de congelamiento emocional.
2. Permitir un breve período de distanciamiento para crear una temporada de cercanía.
3. Aprender a utilizar una palabra que pueda salvar nuestras relaciones.
4. Enfrentar el meollo mismo del problema de dejar las cosas para mañana.
5. Evitar la trampa de confiar en un cambio instantáneo.
6. Permitirnos ser responsables ante los demás.
7. Construir puentes de relación para transportar las palabras duras.
8. Dividir los cambios rigurosos en pequeños pasos.
9. Fortalecer nuestra confianza espiritual.

10. Establecernos como meta de toda la vida el brindar amor firme cuando sea necesario.

¿Acaso ha llegado el momento de añadir un amor más firme a sus relaciones? Estamos seguros de que existen cientos de excusas por no comenzar hoy. Pero todas esas excusas los pueden dejar con una vida vacía.

Un aviso publicitario actual muestra un primer plano de un padre que le habla a su hijo sobre los peligros de las drogas. De repente, el padre comienza a llorar y dice: "Solo que yo no sabía que necesitaba decirte todo esto cuando tuvieras trece años". Luego la cámara se aleja y muestra que el padre le está hablando a una tumba en un solitario cementerio barrido por el viento.

Sin embargo, el miedo de lo que las drogas puedan ocasionarle a nuestros hijos no debería ser lo único que nos impulse a ser firmes con ellos. Es un aspecto del amor que necesita ser parte de nuestras vidas. El escritor de Hebreos nos dice: "El Señor disciplina a los que ama".[36] Si deseamos reflejar el amor de nuestro Padre celestial, tenemos que equilibrar ambos aspectos del amor, tanto el firme como el tierno.

Por ahora, ustedes tienen que tener una lista de las cosas que deseen hacer para que su amor sea más equilibrado. Pero necesitan darse cuenta de que existe una única fuente constante de poder para que hagamos esas cosas a lo largo de los años. Le echaremos un vistazo en el último capítulo.

♌

CAPÍTULO DOCE

El Secreto de un Amor con Todo el Corazón

Nos gustaría decirles que amar a los demás con todo el corazón es siempre sencillo. Por desgracia, no lo es. Sara aprendió esto de manera directa. Ella tuvo que soportar pruebas que la mayoría de la gente no tiene que enfrentar. Sin embargo, ella descubrió que aun en medio de increíbles obstáculos, existe una fuente de poder inagotable y constante que puede sostener y enriquecer nuestro amor.

Sara estaba encantada de que ese joven tan apuesto sería su marido. Él era fuerte y estaba lleno de energía. Y, desde el momento en que lo conoció, quedó cautivada por él. En aquellos primeros años de matrimonio, gozaron de muchas bendiciones, viviendo en la hermosa campiña cercana a su pueblo natal de Rivas, Nicaragua.

Sara y José Ángel Meléndez tuvieron primero un hijo varón. Sara lo hamacaba tranquilamente en el porche de su casa mientras leía la Biblia o alguna novela, disfrutando de los placeres y desafíos de una familia en aumento. Al poco tiempo quedó embarazada con su segundo bebé. Su corazón estaba anegado por un mar de expectativas. En una cultura plena de "religión", ella provenía de una familia que enfatizaba una relación personal con Cristo.

Cuando los primeros signos del embarazo fueron confundidos con síntomas de una gripe, su tío, un médico local, le recetó una nueva droga de Alemania occidental para aliviar sus molestias. Se llamaba talidomida.

Sin conocer los drásticos efectos secundarios de la droga, los Meléndez no estaban preparados para lo que vieron en el momento del parto. El pequeño Tony, su nuevo bebé, había nacido sin brazos.

Mientras que los doctores y las enfermeras se ocupaban de Tony, sus padres se refugiaron en la sala de recuperación, devastados. Sara buscaba la fuerza necesaria para lidiar con lo ocurrido, y la encontró cuando llegó su madre. En el momento en que ella ingresó en la habitación, secó las lágrimas del rostro de su hija y le dijo: "Éste no es el momento de llorar. Dios nos ha enviado este bebé. Y Dios sabe lo que está haciendo".

Desde ese momento, Sara encontró fortaleza en la fe de su madre. Su corazón sentía tanto amor por su niño, que cuando lo alzaba le decía: "José Antonio Meléndez Rodríguez… tú eres un hermoso bebé. Dios te ha dado tanto. Tienes un bellísimo rostro con ojos castaños, una preciosa nariz pequeña, labios carnosos, y dos orejitas perfectas… Tú eres casi perfecto, Antonio… Tienes… un cuello fuerte y erguido, hombros anchos, un pecho maravilloso… tienes todo lo necesario para convertirte en un hombre fuerte y apuesto. Dios tiene grandes ilusiones para ti… y él y yo juntos vamos a asegurarnos de que esos sueños se hagan realidad".

A medida que transcurrieron los años, Tony aprendería el increíble amor tierno que aportaba su madre a la familia. Sus oraciones constantes y palabras de aliento ("No te preocupes. Dios tiene algo increíble pensado para ti. Confía en él y él se ocupará de ti") era la fuerza que guiaba su vida. Pero Tony vio también su modelo de amor firme cuando él y el resto de la familia más lo necesitaban.

Después del nacimiento de Tony, su padre se sacrificó mucho para asegurarse de que su hijo recibiera todo lo que necesitaba. Parte de lo que necesitaba era atención médica que no existía en su país natal, de modo que José mudó a toda la familia de una vida cómoda y casi opulenta en Nicaragua a un apartamento sucio y venido a menos en la ciudad de Los Ángeles.

Para suministrar lo necesario para la familia tuvo que dejar su profesión bien paga por trabajos sucios y precarios por menos del salario mínimo. El sueño de José había sido siempre regresar a Nicaragua, a la vida que conocía y la tierra que amaba, para criar a su familia allí. La esperanza del regreso era lo que lo sostenía durante las penurias que enfrentaba como inmigrante tratando de suministrar lo necesario para su familia.

Tony recibió toda la atención y ayuda que necesitaba: cirugía para corregir un pie deforme de modo que pudiera caminar, y la mejor educación y terapia física que José pudiera brindarle. Tony floreció, desarrollando su talento como artista, músico, atleta y estudiante. Incluso aprendió a tocar la guitarra de su padre de manera bellísima utilizando los pies.

A medida que avanzaron los años, los sueños de su padre comenzaron a esfumarse. No podía soportar el pensamiento de nunca poder regresar a Nicaragua, y no podía aguantar la presión personal que se había impuesto. En un vano intento por escaparse de la situación, comenzó a beber.

Cuando Tony llegó a la adolescencia, el alcohol había llevado a su padre a hábitos de ira y abuso. La situación estaba tan mal que incluso sus amigos más íntimos le sugirieron a Sara que tomara a los niños y se alejara. José estaba cayendo en picada y se negaba a aceptar ayuda. Sin duda, arrastraría a su familia con él, destruyéndolos a todos.

Sin embargo, cuando la situación se puso difícil, Sara se valió del aspecto firme del amor, que es constante, decidido y disciplinado. Más adelante, Tony hablaría de la dedicación de su madre a su padre: "Ella se negó a abandonar al hombre que amaba". Ella le dijo a Tony: "Él entregó todo lo que deseaba para su propia vida con la esperanza de poder darnos lo mejor... Luchó contra su enfermedad, pero ésta lo conquistó; en su momento de debilidad, yo no podía simplemente marcharme".

José Meléndez falleció el 24 de mayo de 1983 de cirrosis del hígado. Era un alcohólico, pero no había sido abandonado. Su familia estaba aún unida, y su hijo estaba logrando todavía cosas que nadie habría soñado jamás. De hecho, Tony Meléndez tocó la guitarra con sus pies para el Papa Juan Pablo II durante la gira del Papa por los Estados Unidos en el año 1987.[37]

¿Por qué no son los libros de autoayuda jamás suficiente?

¿De dónde proviene un amor como el de Sara Meléndez? Quizás ya hayan visto que tenemos que hacer un gran esfuerzo por brindar la ternura que los demás necesitan o, en especial, por ser más firmes de una manera saludable. ¿No podemos acaso tomar la simple decisión de ayudarnos a nosotros mismos y apropiarnos de los cambios que necesitemos? Por un breve lapso de tiempo, quizás, pero no para toda la vida.

Depender de nuestro propio poder para brindar ambos aspectos del amor es como tratar de empujar un automóvil por la calle en vez de usar el motor. Quizás avancemos una distancia corta, pero cada paso que demos nos restará más y más energía y nos llevará a una frustración cada vez mayor.

¿Existe una mejor manera de hacerlo? La verdad es que existe una sola manera, una sola fuente de poder para cambiar verdaderamente nuestra vida y mantener esos cambios para siempre. Comenzamos a encontrarla concentrándonos en una colina escarpada fuera de una ciudad amurallada. Porque sobre esa colina se encuentra la cosa más severa, y más tierna, sobre la tierra.

Depender de nuestro propio poder para brindar ambos aspectos
del amor es como tratar de empujar un automóvil
por la calle en vez de usar el motor.

En lo alto de una colina a lo lejos

Hubo un día en el que se encontraron el tiempo y la eternidad. Ocurrió durante seis horas un viernes cuando el cielo se oscureció, el viento aulló y los ángeles lloraron. Hace casi dos mil años atrás, en lo alto de una colina yerma llamada Gólgota, el Hijo de Dios fue crucificado.

La muerte de Cristo en la cruz fue el acontecimiento más duro y más tierno de toda la historia. La cruz representa el juicio más severo del pecado, *nuestro pecado*, que nos podamos imaginar. No existe nada más duro que el momento en que Dios el Padre aparta su rostro de su único Hijo, y el Cordero de Dios, sin mancha ni pecado, es azotado, escarnecido y clavado a un madero para morir en nuestro lugar.

Pero la cruz es también una imagen del amor más tierno de todos. Ese amor estaba dispuesto a perdonar a aquellos que clavaron los clavos, que le escupieron y lo golpearon con palos, y que se negaron a admitir que estaban matando al legítimo Rey y glorioso Señor. Ese amor es lo más importante que podamos jamás conocer o experimentar.

Sara Meléndez supo cómo ser firme y tierna con los que amó, pero su fortaleza para hacerlo provino de su comprensión y experiencia del amor de Dios.

Un Dios de equilibrio, un Dios de amor

Tener equilibrio entre los aspectos firmes y tiernos de nuestro amor significa reflejar correctamente el carácter de Cristo al mundo que nos rodea. Para hacerlo, tenemos que ser honestos en nuestro amor por Él, lo cual nos da el poder y la perspectiva que necesitamos.

En cierta ocasión le preguntaron a Jesús: "Maestro, ¿cuál es el mandamiento más importante de la ley?

—Ama al Señor tu Dios con todo tu corazón, con toda tu alma y con toda tu mente —le respondió Jesús—. Éste es el primero y el más importante de los mandamientos. El segundo se parece a éste: Ama a tu prójimo como a ti mismo. De estos dos mandamientos dependen toda la ley y los profetas".[38]

Ciertamente Cristo sabía lo que estaba haciendo cuando unió esos dos mandamientos. La capacidad de amar a los demás depende enteramente de nuestra capacidad de amarlo a Él. Cuanto más lo amemos, tanto más equilibrado y completo será nuestro amor por los demás.

Un hombre que sabía

Era la envidia de todos los que lo conocían. Educado en los mejores colegios, demostró ser un alumno excelente desde su más temprana edad. No sólo era un erudito brillante que dominaba sus estudios, sino que parecía estar impulsado particularmente a convertir este conocimiento en parte de su vida. Mientras que otros niños de su edad desperdiciaban sus tardes jugando, este joven estudiante estaba absorto en sus libros. A medida que transcurrían los años, ninguno de sus contemporáneos pudo igualar su celo por adquirir conocimientos.

Como si esto no fuera suficiente, él provenía de una de las mejores familias del lugar. "De gran alcurnia", decían sus admiradores. "Un magnífico joven. Le va a ir bien en la vida". Sus padres le brindaron lo mejor de todo. Por desgracia, generaron en él un desprecio arrogante por aquellas personas y cosas que estaban por debajo de él.

La misión que escogió en la vida fue la preservación de la herencia que le dejaron sus padres. En la ciudad donde vivía, estaban aquellos que amenazaban con ponerle fin a su vida y su cultura con una filosofía radical que barrió toda la región. Con los inteligentes argumentos de un hábil abogado, el joven cruzado desafió a todos aquellos que mantuvieran esta fe hereje. Y si no escuchaban sus argumentos y negaban su fe, él podía llamar a los guardias del templo y decretar una sentencia a prisión o algo aún peor para enseñarles lo que era "correcto".

Las convicciones de este hombre eran tan poderosas que un día viajaron él y un grupo de sus asociados a otra ciudad con el solo fin de acallar a los líderes de este movimiento arribista. Corrieron a arrestarlos, y se lanzaron precipitadamente a un encuentro sobrenatural.

La muerte de Cristo en la cruz fue el acontecimiento más duro
y más tierno de toda la historia.

En una milésima de segundo, toda la vida de este hombre cambió. En un haz de luz brillante que llevaba la imagen y las palabras del Señor resucitado, este joven perseguidor se convirtió en siervo del Salvador. Cuando lo ayudaron a ponerse de pie en ese camino polvoriento a Damasco, su nombre había cambiado de Saulo a Pablo y había comenzado la aventura de aprender el secreto de un amor equilibrado y sin reservas por Dios y los demás.

¿Tenía Pablo dureza? ¡Sin duda alguna! De su vida anterior como perseguidor de la iglesia, Lucas escribe: "Saulo, por su parte, causaba estragos en la iglesia: entrando de casa en casa, arrastraba a hombres y mujeres y los metía en la cárcel".[39]

Pero sus años en el ministerio, como el duro acero en el horno, doblegó su lado firme y le dio un nuevo equilibrio. Al comenzar a conocer el carácter de Dios y aprender a amar a la gente, Pablo aprendió cuando y cómo ser duro. Y tuvo muchas oportunidades de aplicar lo que había aprendido.

La iglesia de Corinto le causaba un gran dolor. Él había volcado todo lo que tenía en la vida de esas personas y, sin embargo, ellos aún se perdían en discusiones divisivas, demandas judiciales, ebriedad frente a la mesa del Señor, y tolerancia de pecado sexual.

Pablo estaba tan preocupado por su bienestar que planeó una visita personal para ayudar a corregirlos. Sin embargo, primero lo envió a Timoteo para tratar de que los corintios recuperaran su sano juicio. Él no deseaba ser duro con ellos durante su visita, pero estaba dispuesto a hacer lo que fuera mejor para ellos.

"Ahora bien, algunos de ustedes se han vuelto presuntuosos, pensando que no iré a verlos", les escribió. "Lo cierto es que, si Dios quiere, iré a visitarlos muy pronto, y ya veremos no sólo cómo hablan sino cuánto poder tienen esos presumidos. Porque el reino de Dios no es cuestión de palabras sino de poder. ¿Qué prefieren? ¿Que vaya a verlos con un látigo, o con amor y espíritu apacible?"[40]

Pablo sabía que si deseaba hacer lo que fuera mejor para los corintios, tenía que estar dispuesto a reprenderlos por su falta de voluntad de seguir el ejemplo y las enseñanzas de Cristo. Sabía también que no ganaría muchos amigos haciéndolo, pero estaba más interesado en su relación con Dios que lo que estaba en ganar un concurso de popularidad. Él comprendía que el amor firme es con frecuencia la mejor herramienta para lidiar con el pecado, y no temía utilizarla.

Pero Dios utilizó también los años para general una suave ternura en Pablo. En una ocasión, cuando le escribe a la iglesia en Tesalónica, les dice: "Como saben, nunca hemos recurrido a las adulaciones ni a las excusas para obtener dinero; Dios es testigo. Tampoco hemos buscado honores de nadie; ni de ustedes ni de otros. Aunque como apóstoles de Cristo hubiéramos podido ser exigentes con ustedes, los tratamos con delicadeza. Como una madre que amamanta y cuida a sus hijos".[41] Pablo estaba conciente del valor del amor tierno, misericordioso y comprensivo. Y sabía que uno de sus valores consiste en estimular la fe de la gente que tiene un amor sincero por Dios.

¿Dónde yace el poder?

Cualquiera que haya visto el lanzamiento de la nave espacial sabe que es una de las exhibiciones más increíbles de poder que hayamos visto jamás. Posada sobre la plataforma de lanzamiento, la nave tiene una altura de once pisos y pesa 4.5 millones de libras. Cuando sale el sol por el horizonte y derrama sus rayos sobre el cielo brillante de una mañana temprana en la Florida, la nave aguarda como un águila blanca y silenciosa, preparada para arremeter los cielos.

Cuando se acerca el conteo regresivo, el aire se pone denso con expectativa. Se revisan los sistemas, una y otra vez. En el inmenso tanque externo de gasolina han cargado más de 143,000 galones de oxígeno líquido enfriado a 147 grados Celsius bajo cero. Luego, el control de la misión da el visto bueno para la cuenta regresiva final: "Cinco, cuatro, tres, dos, uno, ¡encendido!"

Durante tres segundos, los 6.5 millones de libras de empuje (apenas un cuarta parte de la explosión de energía que arrasó a Hiroshima) tira en contra del peso combinado de la nave y sus tanques y propulsores. Luego, el ave de marfil parece levantarse de la plataforma de lanzamiento y surca los cielos. Es una imagen que es la definición misma del poder del siglo veinte.

Sin embargo, a pesar de todo el ingenio y la tecnología invertidos en la fabricación de la nave espacial, sin el combustible que la lance al espacio, ella no es nada más que una lata de circuitos y micro chips. Toda esa maquinaria no significa absolutamente nada si no tiene el poder que la haga funcionar.

Lo mismo ocurre con el equilibrio entre los aspectos firmes y tiernos del amor. En un cierto sentido, hemos regresado al comienzo y ahora tenemos la información que necesitamos para amar de manera incondicional. Pero sin el poder para hacer que funcione, lo único que tenemos en nuestras manos son las astillas para encender el fuego.

¿De dónde proviene el poder? Del Espíritu de Dios cuando Él comienza a residir en nuestra vida en el momento en que aceptamos a Cristo como nuestro Salvador. "Porque tanto amó Dios al mundo [ternura], que dio a su Hijo unigénito [firmeza], para que todo el que cree en él no se pierda [firmeza], sino que tenga vida eterna [ternura]".[42]

Sin el poder de Dios en las relaciones personales, un héroe bíblico como Abraham no es más que un nómada sin futuro ni familia; Moisés no es más que un esclavo fugitivo con un defecto del habla; Sansón no es más que otro joven más atrapado por las muchachas y por levantar pesas; David no es más que otro monarca que mira donde no debe y sin esperanzas de perdón; Pedro no es más que un pescador confundido que no sabe cuándo abandonar la lucha; Pablo no es más que un fariseo radical que está hecho una fiera; y Juan no es más que un anciano solitario y olvidado con sueños disparatados.

Cómo lograr que funcione

El poder de Dios, que sólo se encuentra en esa relación personal con Jesucristo, hace que todo cambie. Pero, ¿cómo aplicamos ese poder en nuestras relaciones cotidianas? ¿Qué pasos podemos tomar para activarlo en nuestra vida? Nos gustaría ofrecerles algunas sugerencias prácticas.

Primero, admitamos que lo necesitamos. Hace poco tiempo leímos una cita de Ted Turner que decía: "El cristianismo es una religión para perdedores. Yo no necesito que nadie muera por mí".[43] Pero, a pesar de que ese hombre pueda hablar con valentía de este lado del día de su juicio, él *necesita* el Salvador, así como nosotros también.

¿Han reconocido alguna vez delante de Dios que no pueden amar a los demás como deberían? Más importante aún, ¿le han admitido que no lo pueden amar a Él como deberían amarlo? Todos nos enfrentamos a la dureza de Dios, pero Él nos invita a aceptar la ternura de una vida infinita con Él.

George Toles es un amigo íntimo que nos ha ayudado de diversas maneras con este libro. Una de sus observaciones habla exactamente de este punto: Nuestra relación con Dios siempre *comienza* con la necesidad de enfrentar su lado estricto. Piensen en ello. Si reconocemos que Dios juzga los errores y que nosotros no alcanzamos su marca de perfección, todos enfrentamos el juicio. Pero es precisamente su amor severo y sentencioso el que nos encamina, nos alienta, hacia su ternura, hacia la vía de escape: nuestro Salvador, Cristo Jesús.

Si nunca hemos admitido nuestra necesidad del Salvador y no le hemos pedido jamás a Jesús que ingrese a nuestra vida, los invitamos a que lo hagan. Ahora mismo, en la quietud de su corazón, pueden permitir que Jesús entre a su vida y habrán de experimentar así un amor que es perfecto y redentor. Hacerlo es invitar a que todo el amor tierno de Dios nos invada. Sabremos entonces, sin ninguna duda, que el lado estricto de su amor lo ejercitará sólo para disciplinarnos y no para juzgarnos.

Simplemente acudamos a Dios en oración. Si desean, pueden utilizar esta oración: *Querido Señor, yo sé que he fallado de muchas maneras. Confieso que he mirado tu imagen sobre la cruz toda mi vida pero nunca entendí que tu muerte era por mí. Sé que sólo merezco el aspecto firme de tu amor por todos mis pecados, pero te doy gracias por tu amor suave y cálido que me perdona y gracias al cual entregaste tu Hijo para que muriera por mí.*

Señor, no deseo mantenerte ya más a la distancia. Te pido con toda humildad que vengas a mi vida, limpies mi corazón de todo pecado y vivas para siempre en mi corazón como mi Señor, mi pastor y mi eterno amigo. Jesús, cada día y en todas mis relaciones, ayúdame a aprender a vivir de una manera digna de tu llamamiento e inmenso amor. Amén.

Aun después de aceptar a Cristo como Salvador, quizás no experimentemos todavía el poder de su Espíritu Santo. ¿Por qué? No es que Dios no tenga la capacidad de darnos su poder, pero existe a menudo algo que hace que lo rechacemos o debilitemos. Nuestra cultura hace que eso nos resulte sencillo.

Vivimos en un mundo que tiene escaso conocimiento de Dios y el poder que Él nos otorga mediante su Espíritu. Los informes de las noticias no comienzan con relatos sobre la manera en que el poder de Dios sostuvo a los cristianos en la catástrofe más reciente. Los títulos de primera plana no dicen: "El poder de Dios revelado en la última sesión del Congreso". Nadie habla de ello y pocos saben siquiera que está allí. Pero, si deseamos amar sin ninguna reserva, es lo más importante que *tenemos* que poseer.

Cristo le dijo a sus discípulos: "Yo soy la vid y ustedes son las ramas. El que permanece en mí, como yo en él, dará mucho fruto; separados de mí no pueden ustedes hacer nada".[44] Sin el poder de Dios mediante nuestra permanencia en su Espíritu, simplemente no podemos realizar los cambios necesarios para tener un amor más equilibrado. Eso implica además que pasemos tiempo leyendo su Palabra, orando y reuniéndonos con su pueblo.

Segundo, confesemos nuestra incapacidad para vivir de acuerdo con las normas de Dios, para así poder mantener una relación abierta con Él. La Biblia nos dice que esa incapacidad se llama *pecado*, y el pecado tiene la habilidad de entorpecer nuestra visión y distorsionar nuestra percepción de Dios. ¿Han tenido alguna vez una pelea con su cónyuge y luego han intentado pasar un momento significativo con Dios? No funciona demasiado bien, ¿no es verdad? La ira, la culpa y el pecado actúan como agentes que endurecen el corazón y bloquean la comunión con el Señor.

Pablo le dijo a los efesios: "Si se enojan, no pequen. No dejen que el sol se ponga estando aún enojados, ni den cabida al diablo".[45] Él comprendió que la ira puede convertirse en pecado y debilitar todas nuestras relaciones.

Hoy día, no es algo muy popular decirle a la gente que el pecado ofende a Dios, pero así es. Como la ira en el matrimonio, el pecado abre una brecha entre nosotros y entre nosotros y Dios. Cuando no nos ocupamos de lo que está mal en nuestra vida, creamos una distancia malsana en nuestras relaciones tanto humanas como divinas. Pero, si confesamos nuestro pecado o admitimos cuán débiles somos, se aclaran las cosas con Dios y eso nos permite desarrollar la comunión necesaria para morar en Él, vivir en su poder y amar genuinamente a los demás.

Por último, tomemos un paso en fe y confiemos que Dios nos dará el poder para cambiar. En seminarios y sesiones de consejería por todo el país, a menudo nos preguntan: "¿Qué debo hacer si ya no amo más a mi esposo/a?" La respuesta es *poner primero el amor en acción, y luego esperar que los sentimientos aparezcan.* En otras palabras, no esperemos que nuestros sentimientos cambien antes de decidirnos a realizar algo al respecto; tomemos la acción necesaria, y tarde o temprano nuestros sentimientos se pondrán a la par de nuestras obras de amor.

Si somos un golden retriever o una nutria que necesitan añadir características de firmeza, o si somos un león o castor que necesiten desarrollar una sana ternura, no esperemos a sentir el poder de Dios y luego tratemos de cambiar. La fe no está involucrada en esto. *Comencemos a realizar los cambios correspondientes y confiemos en que Dios proveerá el poder a medida que lo necesitemos.*

Corrie ten Boom solía relatar la manera en que le había enseñado su padre el significado de la fe.

—Corrie, cuando vas a la estación de trenes, ¿compras tu boleto antes de llegar allí o después? —le preguntó su padre.

—Después, Papá, —le respondió ella.

—De la misma manera, —le explicó él—, Dios te dará la fe que tú necesitas para enfrentar la vida *en el momento en que la necesites*, no antes.

El escritor de Hebreos nos dice: "En realidad, sin fe es imposible agradar a Dios, ya que cualquiera que se acerca a Dios tiene que creer que él existe y que recompensa a quienes lo buscan".[46] Si buscamos a Dios con todo nuestro corazón y confiamos en que Él hará los cambios necesarios, Él nos recompensará fielmente con el poder para lograr que esos cambios se conviertan en una realidad.

Hemos llegado al final de nuestra mirada a los dos lados del amor. Nuestra oración es que ustedes puedan descubrir en los días venideros el amor de Dios como nunca antes.

Que puedan sentir siempre la humildad que nos comunica la firmeza del amor retratada en la cruz, y puedan estar agradecidos por su disciplina cuando la necesiten. Deseamos que puedan también sentirse agradecidos por la ternura de Dios que envió a su Hijo unigénito a esa cruz, algo que habría hecho aun cuando ustedes fueran los únicos seres sin ninguna esperanza.

Que el Señor los bendiga mucho y los guarde. Que ustedes puedan llegar a conocerlo como poderoso rey y pastor amoroso. Y pedimos que todas sus relaciones expresen lo que Jesús les dio a los demás: los dos lados del amor.

Notas

Capítulo 1

1. En hebreo, el idioma original del Antiguo Testamento, existe una íntima conexión gramatical y personal entre las dos figuras retóricas en este pasaje. Normalmente, dos cláusulas circunstanciales, como las que se encuentran en Isaías 40.10-11, estarían conectadas por una wau consecutiva (similar a la conjunción *y* en español). Sin embargo, la conexión es tan cercana en este caso que no existe ninguna conjunción entre ambas cláusulas.

    En pocas palabras, el "Señor omnipotente" (*Adonai Jehová* en hebreo) que viene con poder está directamente vinculado con la imagen de un pastor piadoso. Su "poder" con el cual "su brazo gobierna" no puede separarse del gran amor con el cual "recoge los corderos en sus brazos" y "guía con cuidado a las recién paridas".

    Para una mejor comprensión de estas dos poderosas figuras retóricas, véase C. F. Keil y F. Delitzsch: *Commentary on the Old Testament in Ten Volumen*, volumen 7, *Isaiah* (Grand Rapids, Mich.: Eerdmans, 1975), págs. -47; Edgard J. Young: *The Book of Isaiah,* volumen 3 (Grand Rapids, Mich.: Eerdmans, 1972), págs. 38-40; E. Kautzsch: *Genenius' Hebrew Grammar,* rev. ed. (London: Oxford U., 1974), págs. 504-5.

2. Romanos 5.8.

3. Mateo 16.17.

4. Mateo 16.23.

5. Lucas 9.51.

Capítulo 3

6.   Ross Campbell: *How to Really Love Your Chile* (Wheaton, Ill.: Victor, 1978), págs. 14-16.

7.   Para aquellos que deseen una comprensión más profunda de su personalidad, existe una cantidad de tests populares a su disposición, incluyendo el test de *Myers-Briggs*, el *Keirsey Temperament Sorter* y el *Taylor-Johnson Temperament Analysis.* Nuestra amiga Florence Littauer ha también escrito un libro muy útil llamado *Personality Plus.*

Como he mencionado en el capítulo, nosotros les recomendamos mucho la encuesta de la personalidad *"Pro Scan" PDP Personality Survey* también. Después de tomarla, les devolverán un análisis detallado de diez páginas que les ayudará a identificar sus niveles de estrés y energía, cómo tomar decisiones, cómo motivarse a ustedes mismos y a los demás, y más. Para una mayor información, escriban al Dr. Michael Williamson, CompuLink, 408 S. Santa Anita Ave., #13, Arcadia, CA 91006. Para pedir el test, llamen al 800-332-3291 en los Estados Unidos. La llamada es gratuita, pero el análisis de diez páginas lo obtendrán por una tarifa razonable.

Otro test muy útil es el *Marriage Profile*, desarrollado por el Reverendo Charles Boyd conjuntamente con Performax International. Les echa una buena mirada a las *parejas* y sus diferencias. Las Conferencias de Vida Familiar de Cruzada Estudiantil lo utilizan mucho. Para mayor información, escriban a Boyd al #3, Diamond Pointe Cove, Naunelle, AR 72118.

Sin embargo, otro test de gran utilidad es el *Personal Style Indicator*, que tiende principalmente a ser utilizado por empresas, pero que ofrece sólidas ideas y aplicaciones para la familia también. Para mayores detalles, escriban a Terry Anderson, Consulting Resource Group International, #386-33255 S. Fraser Way, Abbotsford, B.C., Canada V2S 2B2 ó #386-200 W. Third St., Sumas, WA 98295-8000.

Capítulo 4

8. Ross Campbell: *How to Really Love Your Child*, págs. 14-16.
9. Para un estudio profundo del concepto de cerrar el espíritu de una persona, véase Gary Smalley: *The Key to Your Child's Herat* (Waco, Texas: Word, 1984). Miren especialmente el capítulo 1: "How to Overcome the Major Destroyer of Families".

Capítulo 5

10. Hay un excelente libro nuevo sobre cómo enseñar disciplina y responsabilidad a nuestros niños, escrito por Robert G. Barnes, Jr.: *Who's in Charge Here?* (Dallas: Word, 1990).
11. Hebreos 11.1

Capítulo 6

12. Para el relato heroico e inspirador sobre lo que era ser un prisionero de guerra en Vietnam del Norte durante ocho años y medio, véase Everett Alvarez, Jr.: *Chained Eagle* (New York: Donald I. Fine, 1989).
13. 1 Samuel 16.7.
14. C. F. Keil y F. Delitzsch: *Commentary on the Old Testament in Ten Volumen*, volumen 2, *Joshua, Judges, Ruth, I & II Samuel* (Grand Rapids, Mich.: Eerdmans, 1975), págs. 153-159.
15. Un excelente libro sobre la presión que ejerce el grupo paritario es *Friendship Pressure* (Sisters, Ore.: Questar, 1989) de Joe White.

Capítulo 7

16. Leonard Maltin: *The Disney Films*, edición revisada (New York: Crown, 1984), la sección sobre *Greyfriar's Bobby.*
17. Para recibir información sobre cómo traer el seminario "El amor es una decisión" a su ciudad, escriba a Terry Brown o Norma Smalley a Today's Family, 1482 Lakeshore Drive, Branson, MO 65616.

18. Para una buena perspectiva sobre este problema común, véase *Love is a Choice* (Nashville: Nelson, 1989) de Robert Hemfelt, Paul Meier y Frank Minirth.

19. *World Book Encyclopedia* (Chicago: World Book, 1988), págs. 570-71.

Capítulo 8

20. Existen muchos libros buenos que los pueden ayudar a abordar su pasado doloroso. Aquí les recomendamos algunos: nuestro propio libro: *The Gift of the Blessing* (Thomas Nelson), *Healing for Damaged Emotions* escrito por David Seamands (Victor); *Unfinished Business: Helping Adult Children Resolve Their Past* escrito por Charles Sell (Multnomah); *The Missing Piece* escrito por Lee Ezell (Harvest House); *Unlocking the Secrets of Your Childhood Memories* escrito por Kevin Leman y Randy Carlson (Thomas Nelson).

21. Véase Richard B. Stuart: *Helping Couples Change* (New York: Guilford, 1980), especialmente: "Caring Days: A technique for building commitment to faltering marriages", págs. 192-208.

Capítulo 9

22. Mateo 6.21.

23. Proverbios 15.1 y 25.15.

24. *The Student Bible* (Grand Rapids, Mich.: Zondervan, 1986).

25. Véase Santiago 1.23-25.

26. Proverbio 15.30.

27. Proverbio 17.10.

28. Salmo 44.20-21.

29. Para obtener una copia de este libro tan importante, por favor llame a la librería local de su zona.

Capítulo 10

30. Juan 8.32.

Capítulo 11

31. Hechos 24.25.
32. Proverbio 27.17.
33. Proverbio 27.6.
34. Nuevamente, esta necesidad es una de las principales razones por las cuales escribimos nuestro libro sobre comunicaciones: *El lenguaje del amor.*
35. Algunos de nuestros libros favoritos escritos por estos autores son: Max Lucado: *No Wonder They Call Him the Savior* y *Six Hours One Friday* (ambos de la editorial Multnomah); Ken Gire: *Intimate Moments with the Savior* (Zondervan); Charles Swindoll: *Come Before Winter, Rise & Shine* (ambos de Multnomah) y *The Grace Awakening* (Word).
36. Hebreos 12.6.

Capítulo 12

37. Tony Meléndez con Mel White: *A Gift of Hope* (San Francisco: Harper & Row, 1989), págs. 17, 19, 147-48.
38. Mateo 22.37-40.
39. Hechos 8.3.
40. 1 Corintios 4.18-21.
41. 1 Tesalonicenses 2.5-7.
42. Juan 3.16.
43. Youthworker Update, volumen IV, N° 5, enero de 1990, pág. 8.
44. Juan 15.5.
45. Efesios 4.26-27.
46. Hebreos 11.6.

Guía de Estudio

Lección 1 (capítulo 1)

1. En la historia inicial, ¿usted se identifica más con la personalidad de Daniel o con la de Carlos? ¿Por qué?

2. ¿Quién conoce usted que demuestre constantemente el aspecto firme del amor?

3. ¿Cómo describiría a esa persona?

4. ¿Quién conocer que demuestre el aspecto tierno del amor?

5. ¿Qué adjetivos utilizaría para describir a esa persona?

6. En sus propias palabras, ¿cuáles son las diferencias que existen entre los dos lados del amor?

7. ¿Existió alguien en su pasado (un padre, maestro o entrenador deportivo) que fuera estricto con usted pero cuyo lado tierno lo ayudó a desear mejorar? Si es así, explique la situación en dos o tres oraciones.

8. ¿Por qué es necesario que una persona pueda demostrar ambos aspectos del amor a los demás?

9. En las relaciones normales y cotidianas, ¿cuál sería un ejemplo de dónde tenemos que ser duros con los problemas pero tiernos con las personas involucradas?

10. Además de los provistos en este libro, ¿cuál sería algún ejemplo bíblico de cómo Dios demuestra su lado estricto y su lado tierno a la gente?

11. En la historia inicial, ¿qué pasos tomó Daniel para recuperar nuevamente el corazón de su hijo?

12. En 1 Corintios, el apóstol Pablo demostró ambos aspectos del amor a los cristianos de esa ciudad. En 1.3-9, ellos

vieron su dulzura con ellos. En pasajes tales como 6.1-8,
ellos vieron su firmeza. Lea esos versículos y luego responda las siguientes preguntas:

¿Cómo se habrán sentido los corintios después de leer
1.3-9? ¿Y después de leer 6.1-8?

¿Piensa que se habrían sentido de otra manera si el mensaje del capítulo 6 hubiera venido antes de la cálida afirmación del capítulo 1? ¿Por qué sí o por qué no?

¿Con qué eficacia lo afirma su iglesia? ¿Con qué eficacia
lo corrige?

Lección 2 (capítulo 2)

1. Resuma en sus propias palabras por qué es importante conocer su punto de equilibrio personal.

2. Si no ha evaluado todavía cómo se relaciona con uno o
   más miembros de su familia inmediata utilizando la Evaluación de Firmeza o Ternura (págs. 36-39), hágalo ahora
   mismo. (Sienta la libertad de hacer varias copias de la encuesta.)

3. ¿Cuánto se asemejan las evaluaciones de los miembros de
   su familia de sus relaciones con ellos a las suyas? ¿Cómo lo
   sabe?

4. ¿Por qué tendemos a vernos de manera diferente a la manera en que nos perciben los demás?

5. ¿De qué manera podría ser mal utilizado un instrumento
   como la Evaluación de Firmeza o Ternura en una relación?

6. ¿Cómo se podría prevenir semejante mal uso?

7. Lea la orden de Pablo a los cristianos en Romanos 12.3.
   Luego responda estas preguntas:

   ¿Por qué es importante seguir esas instrucciones?

   ¿Cómo se ve afectada nuestra vida emocional si no las
   obedecemos?

Además de pedirle a nuestros seres queridos que nos evalúen, ¿cómo logramos pensar en nosotros mismos "con moderación" en nuestra vida cotidiana?

Lección 3 (capítulo 3)

1. En su opinión, ¿cuál es la mayor virtud de cada uno de los cuatro tipos de personalidad?
2. ¿Cuál es la mayor debilidad de cada una de las personalidades?
3. ¿Por qué nos resulta más fácil enumerar nuestros defectos que nuestras virtudes?
4. Describa un momento en que usted haya dicho o hecho algo de lo que luego se arrepintió, y se dio cuenta de que el problema fue que una de sus fortalezas fue llevada al extremo.
5. Smalley y Trent escriben: "Esas inclinaciones son tan pronunciadas que un hombre que respetamos mucho, el Dr. Ross Campbell, siente que ya es posible detectarlas en los recién nacidos" (pág. 43). ¿Está de acuerdo o en desacuerdo con esto? ¿Por qué?
6. ¿Por qué tenemos la tendencia a percibir las fortalezas naturales de los demás como debilidades?
7. ¿Cómo nos ayuda relacionarnos mejor a los demás la comprensión de la inclinación de su personalidad?
8. Si todavía no lo ha hecho, tome la Encuesta de las Fortalezas Personales (págs. 50-52).
9. ¿Cuáles son dos o tres de sus propias fortalezas más importantes?
10. Si pudiera tener más de cualquiera de las inclinaciones de la personalidad que tiene hoy día, ¿cuál escogería? ¿Por qué?
11. Si pudiera tener menos de alguna de las inclinaciones, ¿cuál sería? ¿Por qué?

12. Lea Juan 8.1-11 y responda lo siguiente:

¿Qué inclinación de la personalidad demostró Jesús en este incidente? ¿Qué factores lo llevan a su conclusión?

¿Qué aspecto del amor le demostró a los acusadores de la mujer? ¿A la mujer misma? ¿Por qué?

Mirando solamente estos once versículos, ¿qué conclusiones sacaría sobre la manera en que Dios nos ama?

Lección 4 (capítulo 4)

1. Describa algún momento en que haya visto que las cualidades de león de alguna persona produjeron buenos resultados en el trabajo o en la iglesia.

2. Describa un momento en que los deseos de un león de obtener resultados inmediatos hayan tenido un efecto negativo.

3. ¿Cómo puede aprender un león a equilibrar su deseo de tomar decisiones rápidamente con la necesidad de reunir información importante antes de decidir?

4. Dado que los leones tienden a interpretar las preguntas sobre sus decisiones como desafíos personales, ¿cómo podemos ayudarlos a considerar otros puntos de vista?

5. ¿Cuáles serían algunas maneras prácticas en que los leones podrían demostrar un amor tierno a los miembros de su familia? ¿A sus amigos? ¿A sus compañeros de trabajo?

6. ¿Qué eventos pueden hacer que un león adicto al trabajo reconsidere sus prioridades?

7. Lea Marcos 11.15-18 y luego responda estas preguntas:

¿Qué fue lo que lo motivó a Jesús a tomar una acción propia de los leones?

¿Cómo respondieron a sus palabras y acciones las personas comunes ("toda la gente")? ¿Por qué?

¿Cómo respondieron los líderes religiosos? ¿Por qué?

¿Cómo podríamos justificar a los cristianos hoy día cuando toman acciones igualmente vigorosas?

8. ¿Cómo podría confrontar un león un problema sin intimidar a la gente involucrada en el mismo?

Lección 5 (capítulo 5)

1. Describa algún momento en que haya visto que la cautela de los castores para tomar una decisión haya conducido a un buen resultado.

2. ¿Qué problemas pueden surgir de la insistencia de los castores de hacer las cosas "según las reglas"?

3. ¿Cómo puede un castor resolver con eficacia problemas sin hacer trizas a la gente involucrada?

4. Además de la cirugía, ¿cuáles son algunos otros empleos en los que se podrían destacar los castores?

5. Los castores, "para poder realizar su mejor tarea, necesitan sentirse muy apoyados y encontrarse en un ambiente libre de críticas" dicen Smalley y Trent (pág. 91). ¿Cómo deberían responder si se encuentran, en cambio, en un ambiente crítico?

6. Nombre una figura bíblica que parezca haber sido un castor. ¿Qué evidencias lo llevan a pensar eso?

7. Lea Mateo 23.23–26 y responda estas preguntas:
   ¿Cuáles son algunos de los posibles peligros espirituales de enfatizar la necesidad de hacer las cosas "correctamente"?
   ¿Por qué nos parece que Jesús fue especialmente severo con estos líderes religiosos?
   ¿De qué manera sugiere Jesús que obedezcamos los mandamientos de Dios?

Lección 6 (capítulo 6)

1. Nombre algunas nutrias que conozca que sean excelentes inspiradores y/o oradores públicos. ¿Qué los hace tan eficaces?

2. ¿Cuál sería la actitud sana que deberían asumir las perso-

nas que no sean nutrias con el constante deseo de las nutrias de divertirse?

3. Describa algún momento en que haya visto que la falta de atención a los detalles de una nutria haya conducido a un final memorable.

4. ¿Cómo logran dos personas con una perspectiva diferente del tiempo reconciliar sus puntos de vista de una manera mutuamente aceptable?

5. Smalley y Trent señalan que las nutrias y otros que también se inclinan al aspecto tierno del amor tienden a evitar las confrontaciones, aun cuando sean necesarias. Para evaluar su tendencia en esta área, evalúe con qué rapidez inicia las siguientes discusiones difíciles, utilizando una escala del 1 (inmediatamente) al 5 (lo más tarde posible):

Llama a su pastor para decirle que, después de todo, no puede enseñar en la Escuela Bíblica de Verano.

1   2   3   4   5

Habla con su hijo sobre las inesperadas malas notas en su boletín.

1   2   3   4   5

Le dice a su esposo que el cheque que utilizó en la tienda de artículos deportivos vino de vuelta.

1   2   3   4   5

Le pregunta a una amiga por qué no los invitó a su cena.

1   2   3   4   5

Informa a sus padres que este año no vendrá a casa para Navidad.

1   2   3   4   5

6. ¿En qué tipo de carreras puede ser especialmente útil la capacidad que tienen las nutrias de relacionar a la gente entre sí?

7. Para un buen ejemplo de cómo sucumbimos ante la presión de nuestros pares, lea Lucas 22.31-34, 54-62.

Luego responda a estas preguntas:

¿Por qué negó Pedro a Cristo tres veces?

¿Cómo se sintió después?

Que sepamos, Pedro fue el único discípulo que siguió al prisionero Jesús a la casa del sumo sacerdote. ¿Qué nos indica esto sobre Pedro?

Si hubiera estado en el lugar de Pedro, ¿cómo cree que habría respondido? ¿Por qué?

Lección 7 (capítulo 7)

1. Cuando usted lee que la lealtad es la característica predominante de los golden retrievers, es probable que se le haya ocurrido de inmediato algún ejemplo de una persona tan extremadamente leal. ¿Quién es esa persona? ¿Por qué pensó en él o en ella tan rápidamente?

2. Tomando todo en consideración, ¿le parece que la intensa lealtad de esa persona la ha lastimado o la ha ayudado? ¿Por qué?

3. ¿Cuáles son las ventajas de tener unas pocas amistades profundas en vez de tener muchas superficiales?

4. ¿Cuáles son las ventajas de tener muchas amistades al estilo típico de las nutrias?

5. ¿Cómo se puede llevar a un extremo malsano la profunda necesidad de complacer a los demás?

6. Describa algún momento en el colegio o en el trabajo en que haya visto cómo las palabras involuntarias de alguien lastiman el espíritu sensible de un golden retriever.

7. ¿En qué situación o relación actual se beneficiaría si se adaptara con mayor facilidad? ¿Por qué?

8. Cuando los demás les imponen cambios a los golden retrievers, ¿cómo los ha visto responder a los mismos?

9. ¿Cómo podrían expresar los golden retrievers sus preocupaciones relacionadas con los cambios propuestos de una manera más eficaz?

10. Lea Hechos 15.36–41 y responda lo siguiente:

¿En qué estaban en desacuerdo Pablo (un león) y Bernabé (un golden retriever)? (Note que Marcos era el primo de Bernabé.)

¿Qué argumentos se imagina que cada uno de ellos aportó para respaldar su caso?

Lea 2 Timoteo 4.11, que fue escrito por Pablo unos dieciséis años después de la querella. ¿Cuál era su opinión de Marcos en ese momento?

¿Qué cualidades de los golden retrievers pueden haber ayudado a Bernabé a ser un juez tan excelente del carácter?

Lección 8 *(capítulo 8)*

1. Piense en una familia que conozca donde uno de sus miembros esté totalmente fuera de equilibrio hacia el aspecto firme o tierno del amor. ¿Qué efecto ha tenido eso sobre la familia?

2. ¿Está usted de acuerdo con Smalley y Trent en que aun las personas más estrictas pueden aprender a añadir dulzura a su amor? ¿Por qué o por qué no?

3. ¿Hubo algún punto de congelamiento emocional anteriormente en su vida? Si así fue, ¿qué fue? Si no lo hubo, piense en alguien que haya tenido tal experiencia.

4. ¿Cuál ha sido el resultado de su punto de congelamiento o del de la otra persona?

5. Lea Génesis 37.12–36; luego responda estas preguntas:

¿Cómo podría la crueldad de sus hermanos haber creado un punto de congelamiento emocional en la vida de José?

¿Cómo piensa que habría respondido usted si hubiera estado en su lugar?

Ahora lea Génesis 45.1–11. ¿Cuál fue la respuesta de José a la acción de sus hermanos? ¿Por qué?

¿Cómo podría aplicar la perspectiva de José a sus propios puntos de congelamiento pasados o potenciales?

6. Si todavía no lo ha hecho, tome la Encuesta de Distancia y Cercanía de Smalley y Trent en las páginas 153-155.

7. ¿Es acaso el grado de distanciamiento entre usted y su cónyuge u otra persona cercana lo que usted desea que sea? ¿Es lo que la otra persona desea que sea? ¿Cómo lo sabe?

8. Si uno de ustedes no está feliz con el grado de distanciamiento en la relación, ¿en qué medida es el problema el resultado de las diferencias de personalidad?

9. En sus propias palabras, ¿qué es un sándwich de ternura?

10. ¿Con quién sería una buena idea probarlo? ¿Por qué?

11. ¿Cuándo sería una buena oportunidad para probarlo por primera vez?

Lección 9 (capítulo 9)

1. Piense en alguien cuyas virtudes naturales no haya podido apreciar completamente porque chocan con las suyas. ¿Cómo podría desarrollar un mayor respeto por las virtudes de esa persona?

2. ¿Qué problemas de su familia se podrían resolver mediante un contrato familiar?

3. ¿Qué preguntas tiene, si las tiene, sobre cómo implementar un sistema de contrato o si sería una buena idea para su familia?

4. ¿Cuándo y cómo buscará respuestas a esas preguntas? Si no tiene ninguna pregunta, ¿cuándo podría discutir el enfoque del contrato con su familia?

5. En una escala del 1 al 5, donde el 1 equivale a muy firme y el 5 a muy blanda, ¿cómo evaluaría su comunicación normal no verbal con su familia y amigos?

    1   2   3   4   5

6. En esa misma escala, ¿cómo piensa que aquellos que lo rodean evaluarían su lenguaje no verbal?
   1   2   3   4   5

7. Ahora pida a un amigo cercano o miembro de su familia que evalúe sus mensajes no verbales con la misma escala. ¿Le sorprenden las respuestas? ¿Por qué o por qué no?

8. Si no está aún brindando alguna clase de servicio regular a los demás, ¿dónde podría buscar la oportunidad de involucrarse?

9. ¿Qué momento difícil ha utilizado Dios para ablandar su corazón? ¿Cómo ha podido demostrar un mayor amor a los demás como resultado de ello?

10. Después de leer la sección del texto: "Mantener el corazón espiritualmente tierno", ¿qué cambios piensa que Dios querría hacer en su vida?

11. Lea Lucas 19.1-9 y responda lo siguiente:
    ¿Qué está implicado en el versículo 8 sobre la manera en que Zaqueo hacía negocios antes de su conversión?
    ¿Qué fue lo que aparentemente cambió su corazón?
    ¿Qué clase de esposo, padre y hombre de negocios piensa que fue después de su conversión?

12. ¿Qué podría hacer una persona orientada hacia las metas para comenzar a demostrar un amor más tierno a los que lo rodean?

Lección 10 (capítulo 10)

1. En el relato inicial del capítulo 10, ¿qué fue lo que lo motivó al golden retriever Esteban a ponerse firme con su hija Robin?

2. ¿Qué podría haber hecho anteriormente que le impidiera llegar a ese punto?

3. Si no lo ha hecho aún, complete la encuesta de las páginas 182-184. Según los resultados, ¿cuánta necesidad tiene de añadir una firmeza saludable a su amor?

4. Describa brevemente a alguien que conozca que se haya atascado en el aspecto tierno del amor debido a un punto de congelamiento emocional.

5. Trate de recordar algún momento reciente en el que haya tenido que corregir la actitud o la conducta de un ser amado. ¿Creó esto alguna distancia emocional en la relación? Si fue así, ¿cuánto tiempo duró? Si no fue así, ¿por qué no?

6. Si a usted le cuesta disciplinar a sus seres queridos, ¿por qué piensa que es así? Si no le cuesta, ¿por qué piensa que no?

7. ¿Cuál de las cinco razones por tener que decir que no es la más importante para usted personalmente? ¿Por qué?

8. Si la gente tiene dificultad en decir que no aun cuando tendrían que hacerlo, ¿cómo podrían desarrollar esa capacidad? ¿Cómo los pueden ayudar los demás a lograrlo?

9. En Lucas 10.38-42, vemos un ejemplo de Jesús diciendo que no a alguien. Lea ese pasaje y luego responda estas preguntas:

   ¿Qué pedido se negó a complacer?

   ¿Por qué dijo que no?

   ¿Bajo cuál de las cinco razones por decir que no se ubicaría?

   ¿A qué le tendría que decir que no para poder pasar más tiempo con el Señor?

   ¿Qué podemos aprender de la manera en que Jesús se negó a complacer el pedido de Marta?

Lección 11 (capítulo 11)

1. Dejar las cosas para mañana está considerado como algo malo, pero ¿cuáles serían algunas buenas razones por aplazar las cosas?

2. En una escala del 1 (jamás) al 5 (siempre), ¿cuán a menudo tiende a dejar las cosas importantes para mañana?

   1   2   3   4   5

3. ¿Cuándo pospone las cosas, qué sentimientos experimenta por lo general?

4. ¿Qué resultados han tenido lugar debido a su costumbre de dejar las cosas para mañana?

5. Cuando usted analiza esa costumbre en el pasado, ¿cuál de las razones dadas por ella se acerca más a la suya? ¿Por qué?

6. ¿Está de acuerdo con los autores en que los cambios necesarios en los rasgos de la personalidad ocurren sólo gradualmente y con esfuerzo? ¿Por qué o por qué no?

7. Si tener que rendirle cuentas a alguien de sus acciones le ayudara a realizar un cambio necesario, ¿a quién recurriría para dicha ayuda?

8. Lea el Proverbio 27.17 y responda estas preguntas:
   En sus propias palabras, ¿qué significa este versículo?
   ¿Qué ocurre cuando una persona se resiste al proceso de sacar filo?
   ¿El sacar filo es algo que se realiza de una sola vez o es un proceso continuo? ¿Por qué?

9. Piense en algún cambio duro que tenga que hacer. ¿En qué pequeños pasos podría dividirlo?

10. ¿Qué puede hacer para desarrollar una mayor confianza espiritual?

11. ¿Dicha confianza incrementada relacionada con el desarrollo del aspecto firme de la persona crea acaso el riesgo de convertirse en una persona sentenciosa? ¿Por qué o por qué no?

12. ¿Qué estrategia para desarrollar un saludable amor firme tiene la mayor posibilidad de ayudarlo de manera más inmediata? ¿Por qué?

Lección 12 (capítulo 12)

1. Recuerde algún momento en que haya intentado realizar un gran cambio positivo en su vida utilizando únicamente su fuerza de voluntad. ¿Cuál fue el resultado?

2. ¿Por qué no es suficiente su poder para proporcionar ambos aspectos del amor?

3. ¿Aparece automáticamente el amor por los demás cuando buscamos aumentar nuestro amor por Dios, o tenemos que esforzarnos por lograr ambos? ¿Por qué?

4. Lea 2 Corintios 12.7-10; luego responda lo siguiente:
    ¿Qué dijo Pablo que era necesario para que él experimentara la fortaleza de Dios?
    ¿Cuál era su actitud con respecto a sus debilidades y dificultades?
    ¿Cómo podría evidenciarse en la vida de una persona actual la clase de poder divino que describe Pablo?

5. Cuando piensa en el uso de Pablo de ambos aspectos del amor en su relación con las iglesias primitivas, ¿qué criterios tendrían que utilizar los líderes de las iglesias modernas para decidir cómo manejar a los miembros inconstantes?

6. ¿Le ha admitido alguna vez a Dios que usted no puede amar a los demás como debería? Si no lo ha hecho, ¿qué le impide hacerlo ahora?

7. En una escala del 1 (completamente cortada) al 5 (completamente abierta), ¿cómo evaluaría la calidad en general de su comunicación con Dios?

    1   2   3   4   5

8. ¿Cómo decidió ese puntaje?

9. ¿Cuál es el cambio más importante que necesita realizar para poder dar a sus seres queridos ambos aspectos del amor?

10. ¿Cómo puede comenzar a realizar ese cambio hoy mismo aun cuando no sienta deseos de hacerlo?